Une Ame de Petit Séminariste

Jean Houi

(1913-1925)

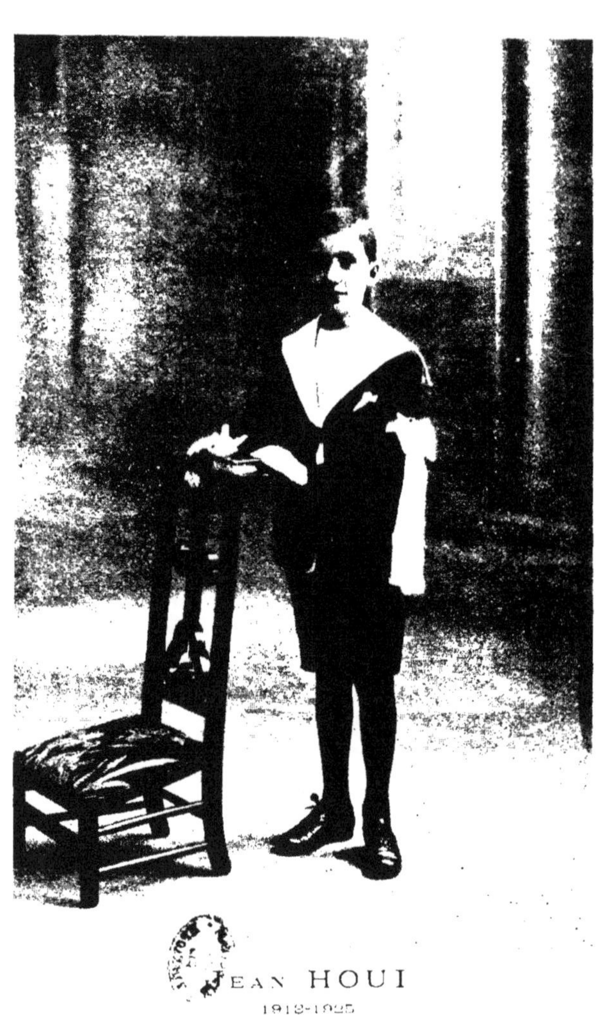

JEAN HOUI

1912-1925

E. LEMASSON
Préfet des Etudes.
Institut Notre-Dame, Avranches.

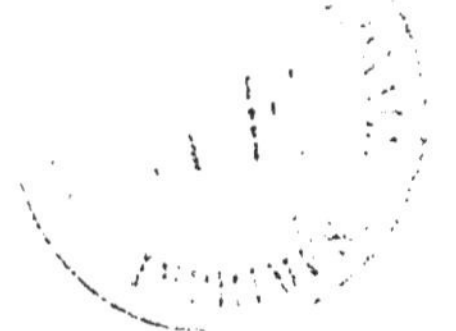

Une Ame de Petit Séminariste

JEAN HOUI

(1913-1925)

« *Operatur in parvulis*
Christi virtus magnalia »

LIBRAIRIE CATHOLIQUE EMMANUEL VITTE

LYON	PARIS
3, place Bellecour, 3	5, rue Garancière, 5

1926

NIHIL OBSTAT

Constantiis, die 19 Januarii 1926.

J. Blouet,
Superior Maj. Seminarii

IMPRIMATUR

Constantiis, die 20 Januarii 1926.

P. M. Perier,
Vic. Gen.

A. M. D. G.

C'est aux élèves des Petits-Séminaires surtout, et aussi à leurs condisciples des Écoles chrétiennes et des Collèges ecclésiastiques, qu'est destinée cette modeste brochure. Elle leur fera connaître la courte vie d'un de leurs jeunes frères qui désira de toute son âme être prêtre, et, pour cela, aima le Bon Dieu de tout son cœur et Le servit de toutes ses forces :

craignant le péché par-dessus tout,
multipliant les sacrifices,
vivant continuellement en la présence de Dieu ;
conscience délicate et cœur exquis,
âme eucharistique embrasée déjà d'un généreux et ardent désir d'apostolat.

Les parents chrétiens eux-mêmes pourront à ce récit trouver du réconfort : ils constateront combien profonde est leur influence sur la formation religieuse et morale des enfants confiés à leur amour. « Il y a des mères, a dit R. Bazin, qui ont une âme de prêtre et qui l'ont donnée à leurs enfants. » Daigne la Providence accorder à notre pays de France que ces mères deviennent légion !

En écrivant ces lignes notre but a été de prêter à un enfant notre plume, pour que, malgré une mort prématurée, il puisse réaliser le grand rêve de sa vie : Faire aimer Jésus ici-bas. *Sa meilleure joie était de prier pour les vocations sacerdotales. Puisse l'exemple de ses vertus en susciter de nombreuses !*

Nous confions notre travail à saint Joseph, Protecteur des vocations, et à Marie Immaculée, Reine du Clergé.

Institut Notre-Dame, Avranches,
En la Fête de l'Immaculée Conception,
8 décembre 1925.

I

BEAUMONT-LE-ROGER

Une Ame de Petit Séminariste

JEAN HOUI

(1913-1925)

CHAPITRE PREMIER

Le petit Enfant

Au sein de l'Église catholique, le monde des âmes présente une admirable variété. Il y a, comme disait sainte Thérèse de l'Enfant Jésus, des lis et des roses, mais aussi d'humbles violettes et de simples pâquerettes. A côté des géants de la sainteté, illustres docteurs, fondateurs d'ordres, rénovateurs de l'esprit chrétien, il y a de petites âmes modestes qui passent inaperçues de la foule, que rien ne distingue même à leur entourage et qui pourtant vivent d'un ardent et généreux amour pour le Bon Dieu. Ainsi, « le jardin vivant du Seigneur » gagne en variété. « Si toutes les petites fleurs voulaient être des roses, la nature perdrait sa parure printanière, les champs ne seraient plus émaillés de fleurettes. » *(Histoire d'une âme*, p. 5.)

Il semble qu'à notre époque le divin Jardinier se plaise à cultiver les « fleurettes » ; et c'est, a-t-on remarqué, pour notre siècle orgueilleux, un précieux exemple et une miséricordieuse leçon. « Si vous ne devenez comme de petits enfants, disait le Maître à ses disciples, vous n'entrerez pas dans le Royaume des Cieux. » Depuis que le saint pape Pie X a permis de nourrir les petits enfants du pain Eucharistique, il semble que « la vertu du Christ opère en eux des merveilles » et que se multiplient dans leurs rangs les âmes d'élite.

C'est l'un de ces enfants touchés de la grâce dès leur matin que les Maîtres et les Élèves de l'Institut Notre-Dame d'Avranches conduisirent à sa dernière demeure le lundi 16 mars 1925, sous un ciel qu'entre deux jours de pluie la Providence avait fait tout bleu, sans doute pour symboliser la pureté de son âme virginale. Sa vie avait été courte. Petit Séminariste, élève de l'Institut Notre-Dame, après l'avoir été du Petit-Séminaire d'Orgeville dans l'Eure, il est mort à douze ans. Pourtant, si jeune, il était déjà bien riche de mérites surnaturels ; et, près de son angélique dépouille, les versets du Livre de la Sagesse obsédaient notre esprit : « Une vieillesse honorable n'est pas celle que donne une longue vie ; elle ne se mesure pas au nombre des années ; mais la sagesse tient lieu pour l'homme de cheveux blancs ; et l'âge de la vieillesse, c'est une vie sans tache. Étant devenu agréable à Dieu, il était aimé de Lui... Il a été enlevé de peur que la malice n'altérât son intelligence ou que la séduction ne pervertît son âme... Arrivé en peu de temps à la perfection, il a fourni une longue carrière. Son âme était agréable à Dieu ; c'est pourquoi le Seigneur s'est hâté de le retirer du milieu de l'iniquité. » (*Sagesse*, VI, 8-14.)

Jean Houi naquit à Beaumont-le-Roger (Eure), le 30 janvier 1913 et il reçut au baptême les prénoms de Jean-Alcide-François. Plus tard, au jour de sa confirmation à Orgeville, il devait préciser ce dernier en ajoutant Xavier. Outre que c'était une délicate attention pour son directeur d'alors, dont c'est le prénom, il mettait ainsi son futur s. cerdoce sous la protection du grand convertisseur d'âmes que fut l'apôtre des Indes. Nous verrons, à mesure que se déroulera cette biographie, quelle fidèle dévotion il garda toujours à ses deux patrons, Jean, l'apôtre bien-aimé, et François-Xavier, le missionnaire. Au premier, dont l'âme était si pure qu'elle faisait les délices du Divin Maître, il confierait la garde de son cœur ; au second, qui tant brûla du zèle apostolique, il demanderait sans cesse d'être enflammé du même amour des âmes.

L'enfant avait à peine dix-huit mois quand survint l'effroyable guerre qui allait, pendant plus de quatre ans, ravager l'Europe. Son père, mobilisé dès la première heure, laissait à Mme Houi la direction d'une importante maison de commerce. C'est une banalité de louer la vaillance des femmes françaises au cours de la tourmente. En chrétienne qui de toutes choses s'en remet d'abord à Dieu et place sa confiance dans la Providence, Mme Houi subit l'épreuve et accepta la tâche. Jusqu'à la démobilisation elle l'a remplie ; ses devoirs d'éducatrice n'en ont point souffert. « Volontiers, écrit une personne qui fut pendant les quatre années de guerre témoin de ses labeurs et de son dévouement, volontiers je m'inclinerais devant la mère que j'ai vue à l'œuvre près de son enfant avec une sollicitude que ni les préoccupations de la guerre, ni les labeurs d'un commerce absorbant, ni des soucis de santé n'ont jamais lassée. C'est avec un sens chrétien très doux et très fort qu'elle forma l'âme de son petit Jean. »

Qui dira jamais l'influence des mères sur la formation religieuse de leurs enfants? Ils la connaissent bien tous ceux qui ont eu le bonheur d'apprendre à prier sur les genoux d'une mère pieuse. Et les ennemis de l'Église la connaissent bien aussi, eux qui inscrivent dans tous leurs programmes la nécessité de s'emparer de la jeune fille, de lui ravir ses croyances et de plier à leurs idées son intelligence et son cœur. Quand la mère chrétienne est vraiment pénétrée de l'esprit de foi, qu'elle a « le sens chrétien » développé, et que, de plus, elle sait allier la force à la douceur, la fermeté à la tendresse, n'est-elle pas toute préparée par la Providence pour épanouir des âmes privilégiées?

Dès que son enfant fut capable de la comprendre, — et

chez lui l'intelligence fut de bonne heure éveillée, — Mme Houi lui apprit à connaître et à aimer le Bon Dieu. Lui montrant la crèche, elle lui expliquait que ce petit enfant couché sur la paille, c'était Jésus, Jésus qui avait quitté son beau ciel où Il est heureux infiniment avec les Anges, pour venir sur notre terre, afin de *nous rendre heureux nous aussi.* C'est Lui, ajoutait-elle en substance, qui te donne tout ce que tu as de bon, mon petit Jean : ton papa que tu aimes tant, ta maman qui te soigne et qui t'élève, et le beau soleil qui brille dans le ciel, et toutes ces petites fleurs qui te paraissent si jolies, et ces bons fruits que tu manges, et ta nourriture de tous les jours, et tes vêtements, et ces belles images que tu te plais à regarder, et tous ces jouets qui t'amusent.

D'autres fois, lui présentant le crucifix, elle lui montrait la bonté de Dieu sous l'aspect de la miséricorde ; elle lui racontait que des méchants avaient pris Jésus quand Il fut devenu grand, Lui avaient enfoncé de gros clous dans les pieds et dans les mains et l'avaient fait mourir sur une croix. Et Lui, avait laissé faire, acceptant tout, souffrant tout, pour effacer nos fautes, nous ouvrir le Ciel et assurer notre bonheur. Car il nous arrive parfois d'offenser le Bon Dieu et Jésus a voulu subir lui-même la plus grosse part des châtiments que nous méritons.

Ainsi, Dieu était toujours présenté comme l'auteur de *toute joie, de tout bien et de tout don*, et, en même temps concrétisé, rendu sensible dans la personne de Jésus. La mère sentait que chez son enfant ses paroles pénétraient au plus intime de l'âme. Jean ne tarissait pas de questions sur Jésus. Il voulait savoir tous les détails de sa vie et de sa passion. Chaque fois qu'il recevait une chose qui lui faisait plaisir : « C'est encore le Bon Jésus qui m'envoie cela, n'est-ce pas, maman? » demandait-il avec une charmante naïveté.

L'aimable saint François de Sales a dit : « Quand un homme sait être aimé de qui que ce soit, il est pressé d'aimer réciproquement. » Et cette pensée, à seize siècles de distance, faisait écho à l'émotion qui étreignait saint Paul, quand il songeait que le Christ l'avait aimé jusqu'à se livrer pour lui à la mort de la croix. Sans avoir étudié saint Paul ni lu saint François de Sales, le cœur d'une mère chrétienne peut avoir cette intuition que l'amour infini de Dieu à notre endroit a plus de poids pour captiver une âme d'enfant que mille considérations s'inspirant de la crainte et surtout que les raisonnements humains les plus ingénieux. Mme Houi était dans la plus pure tradition chrétienne en faisant sentir avant tout et à propos de tout à son petit Jean l'immense bonté de Dieu. La grâce sanctifiante déposée dans l'âme de l'enfant par le baptême le disposait à comprendre cette vérité, et tout naturellement il donnait son affection à ce Jésus si bon pour lui.

Aussi le priait-il avec une ferveur d'ange, en des formules naïves, comme l'est d'ordinaire le langage du petit enfant. Elles jaillissaient spontanément de son cœur ; il les adressait à son « cher Jésus » avec la même simplicité qu'il parlait à sa mère. Elles équivalaient à peu près à ceci : « Mon Jésus, je vous remercie bien de m'avoir gardé pendant cette nuit ; donnez-moi une bonne journée et faites que je sois sage. — Mon Jésus, vous m'avez envoyé des jouets ; vous êtes bien bon et je suis bien heureux ! » Ces prières répétées, ces actions de grâces à tout propos faisaient sans cesse monter sa pensée et son cœur vers Dieu. C'était simple ; mais n'était-ce pas en même temps sublime ? Volontiers on se figurerait, avec saint François de Sales encore, « les Anges se penchant aux balustres du Ciel » pour contempler ce bambin de trois ans qui déjà aimait tant Jésus ! Les hommes en tout cas l'admiraient : ceux qui le voyaient prier les mains jointes et les yeux au ciel étaient surpris et édifiés de son recueillement.

Pourtant, l'enfant n'était pas sans défauts. S'il avait reçu une nature énergique, une intelligence vive et une exquise sensibilité, il avait aussi un grand amour-propre. Comme il sentait profondément les moindres contrariétés, il lui arrivait de violentes colères et il avait des entêtements prolongés. Avec ses parents, les colères se résolvaient en crises de larmes ; mais, avec le personnel du magasin, elles se traduisaient en paroles et en gestes qu'il fallait réprimer. Un soir il s'arrêta net au milieu de la prière, prétendant qu'il « ne savait plus ». Sa mère exigea qu'il continuât. Au milieu de ses larmes il répétait toujours : « Oui, maman, je vais la dire, je vais la dire » ; mais il n'en faisait rien. Mme Houi le mit à la porte de la chambre : il ne rentrerait qu'une fois disposé à achever sa prière. Il resta debout sur le palier jusqu'à... minuit ! On devine quels rudes combats il aura à livrer pour devenir le petit séminariste très doux et très effacé que connurent ses condisciples de l'Institut Notre-Dame.

Clairvoyante et ferme, Mme Houi corrigeait chacun de ses oublis. Il fallait demander pardon à Dieu d'abord, à la personne offensée ensuite, et, par surcroît, accepter une punition qui n'était jamais levée. Volontiers Jean, la crise passée, se mettait à genoux pour implorer du Bon Jésus qu'Il oubliât sa faute ; volontiers encore il demandait pardon à sa maman ; mais les excuses aux employés coûtaient davantage à sa fierté, au moins dans les débuts. Car, il eut vite compris ; dès l'âge de quatre ans, quand il avait commis une faute, il allait spontanément s'excuser près de la personne qu'il avait offensée et il acceptait avec soumission les punitions sans jamais demander qu'elles fussent atténuées. Il poussait même la droiture jusqu'à les rappeler si on les oubliait. Ses parents ont gardé le souvenir d'une anecdote qui les a fort touchés. Un jour qu'il avait été privé de dessert, Mme Houi, par distraction, lui en présenta : « Non, merci, maman, dit-il, les yeux pleins de larmes ; aujourd'hui je ne dois pas avoir de dessert ; je suis puni.» Et, il détournait ses regards des confitures qui lui paraissaient pourtant bien savoureuses. Son père, alors en permission, fut si ému de cette loyauté qu'il s'écria : « Mon petit Jean, ta sincérité mérite une récompense ; ta maman sera certainement de mon avis ; tu auras du dessert. » Et, tous les convives s'associèrent au vœu du père : « Oh ! Madame, c'est trop joli de la part du petit Jean ; il faut lui pardonner ! »

Les punitions d'ailleurs portaient immédiatement leurs fruits. On le voyait aussitôt après montrer par de réels efforts son désir de mieux faire. L'épreuve purifiait et élevait son âme parce qu'il avait le cœur simple et droit, un ardent désir de plaire à Dieu, et parce que la vertu de l'Esprit-Saint agit de la sorte dans les âmes de bonne volonté.

La marque de l'Esprit-Saint sur les âmes de bonne volonté c'est la charité. La charité s'épanouissait chez l'enfant. Tout d'abord, comme il est naturel, elle se manifestait à l'égard de ses parents. Témoin du travail absorbant de sa mère, il restait des demi-journées entières tranquille dans sa petite chambre amusé par des images pieuses qui d'ordinaire lui tenaient lieu de jouets: jamais une plainte alors, mais seulement une demande câline : « Maman, vous viendrez me voir de temps en temps ! » Et, quelles ferventes prières pour son père, qu'il savait bien loin et exposé à des dangers de toutes sortes. Quand il sut écrire, vers la fin de la guerre, il adressait souvent des lettres au « Petit Jésus, au Ciel » pour le supplier de protéger « son cher petit papa » et de le lui rendre bien vite. Les lettres étaient déposées le soir sur la cheminée... et... la nuit... un Ange venait les prendre pour les porter à destination !

Son cœur était ému par toutes les souffrances. Il avait maintes fois entendu parler de la misère des soldats, de leurs dures privations et de leur pénible existence dans les tranchées. Au cours d'une permission, un prêtre ami vint, en militaire, prendre des nouvelles de la famille. Pendant que autour de lui tout le monde était occupé par des clients, discrètement, avec un sourire dans lequel on lisait la crainte d'être refusé, Jean s'approcha et lui glissa dans la main quelques francs. Sa figure rayonna en voyant l'offrande acceptée. Mais, elle redevint bien grave quand, le prêtre soldat ayant remis en souriant les pièces à Mme Houi, celle-ci demanda à l'enfant où il les avait prises. Jean emporté par son bon cœur avait simplement puisé dans la caisse. On lui dit que c'était bien d'être charitable ; mais on lui fit comprendre que l'aumône ne se fait pas de cette façon.

CHAPITRE II

L'éveil de la Vocation

C'est vers cet âge de trois ou quatre ans qu'il commença de fréquenter régulièrement les offices du dimanche. A l'église tout l'attirait, tout l'intéressait vivement : les chants, les ornements et les décors, les cérémonies. Sa maman lui avait dit bien des fois que Jésus habite dans le tabernacle, caché par amour pour nous dans la petiteHostie blanche. Aussi il ne détournait presque pas les yeux de l'autel. L'église était déjà pour lui la maison du Bon Dieu. Sa grande occupation fut bientôt de reproduire les cérémonies saintes et, tout d'abord, de faire des processions. Il sollicita une Croix à cet usage. Parfois, le soir après le dîner, les employés, déférant à ses désirs, se formaient en cortège et défilaient à sa suite entre les comptoirs ou autour de la salle à manger. Plus tard il aura des ornements pour dire la messe, un autel en miniature, un calice. C'est ainsi que chez certains enfants commence à se manifester la vocation sacerdotale.

Mais, ce qui le captivait surtout, c'était la prédication. Il écoutait avec une attention avide tous les sermons qu'il entendait et l'un de ses plus grands plaisirs était de reproduire ce qu'il en avait compris. Tous ceux qui l'ont connu à l'âge de cinq ou six ans se souviennent du « petit prédicateur ». Grimpé sur une table ou sur une chaise, avec un sérieux imperturbable, il répétait le prône du dimanche précédent, y mêlait des fragments de ses prières, et, quand il sut lire, des passages des Évangiles que contenait son petit paroissien. Les auditeurs devaient ne pas rire. Ce n'était pas toujours aisé, paraît-il : le contraste entre cet enfant si petit et le sérieux avec lequel il s'acquittait de son rôle ne laissait pas que d'être amusant. Un soir de mai en particulier, après une prédication, il récitait des prières avec une telle gravité devant un petit autel de la Vierge, que les jeunes employées ne purent réprimer leurs sourires. Jean fut si scandalisé qu'il s'arrêta, les regardant d'un air sévère, et il ne continua que lorsque le calme fut tout à fait rétabli dans l'assistance. La prière terminée, il s'efforça de les convaincre qu'elles avaient fait de la peine au Bon Jésus.

Ce sont de menus détails et qui peuvent paraître futiles. Pourtant ils montrent dans le petit enfant le germe de ce zèle des âmes qui sera si développé chez le séminariste. Nous le verrons à Orgeville adresser délicatement d'affectueux reproches à ceux de ses condisciples qui se permettront d'inutiles paroles en présence du Saint Sacrement.

Cependant une question grave se posait à ses parents, la question de l'école. Sa mère depuis longtemps lui avait appris son alphabet ; il savait lire couramment. N'avait-il pas, avant même d'avoir ses trois ans, étonné un jour les voyageurs en déchiffrant les inscriptions d'un compartiment de chemin de fer? Mais Mme Houi ne pouvait continuer son enseignement : ses occupations ne le lui permettaient pas. Or, à Beaumont, il n'y a pas d'école libre de garçons. C'est un problème angoissant pour des parents chrétiens, — on l'a dit bien des fois depuis qu'en France fonctionne l'école neutre, — de confier leurs enfants à des maîtres qui n'ont pas leurs croyances. Avec l'instituteur le plus respectueux de la foi de ses élèves, une comparaison se fait fatalement dans l'esprit de l'enfant: la comparaison entre les deux heures consacrées chaque semaine au catéchisme et les trente heures données à un travail scolaire dans lequel rien ne doit, de par la définition même de la neutralité, élever l'esprit vers le surnaturel. De toute nécessité, le contraste s'établit au détriment de la foi ; l'étude des sciences profanes apparaît comme l'essentielle occupation de la jeunesse et la grande affaire de la vie ; la question religieuse, au contraire, comme un surcroît de médiocre importance et souvent importun. Serait-il nécessaire, à l'heure présente, de chercher une autre explication à l'accroissement d'indifférence religieuse parmi le peuple de France?

M. Houi estima que les progrès de la vie chrétienne chez son enfant valaient tous les sacrifices ; il confia Jean à une institutrice catholique. La maîtresse a gardé de son élève le meilleur souvenir : « Pendant cinq ans, dit-elle, il a été pour moi un petit élève très soumis, très appliqué, très affectueux. En deux heures chaque jour nous devions voir un programme que les internes des collèges mettent sur pied en une journée d'étude ; aussi je n'encourageais pas ses bavardages d'enfant ; mais j'ai pu cependant connaître son cœur très sensible et très délicat. » Jean lui est, de son côté, resté très attaché. Dans une lettre écrite deux mois avant de mourir il lui redisait encore sa fidèle reconnaissance et sa vivante affection.

L'étude du Catéchisme allait de pair avec le travail scolaire. Elle le devançait même, car tout ce qui concernait la religion avait pour l'élève un charme attirant. Il n'était jamais besoin de lui rappeler qu'il avait une leçon à apprendre ; il s'y mettait de lui-même, interrogeait sa mère ou son institutrice s'il ne comprenait pas. Quand arrivaient les séances de catéchisme, il obtenait toujours la note Très Bien. « Les leçons étaient toujours sues, écrit M. l'Abbé Sévin, alors vicaire à Beaumont-le-Roger ; Jean ne les récitait pas, il les déclamait, appuyant sur les mots importants, changeant parfois l'ordre de la phrase et montrant par tout son être que la leçon était non seulement sue, mais parfaitement comprise... A sept ans il savait tout son catéchisme et le comprenait mieux que les plus intelligents de la communion solennelle. » Il fut alors admis dans le grand cours, où il garda constamment la première place pendant trois années, bien qu'il eût parfois affaire à de redoutables concurrents.

On comprend que la question de la communion privée se soit vite posée pour un enfant si pieux et dont l'instruction religieuse était si avancée. Jean depuis longtemps désirait vivement recevoir son Jésus ; il avait faim de l'Eucharistie. Quelle joie débordante quand la date fut fixée : Pâques 1920 ! Avec quelle ferveur il disposa son cœur ! Sa mère, du reste, l'aidait de toute sa foi profonde. Les prières étaient multipliées, ardentes et recueillies ; chaque jour s'entassaient sacrifices sur sacrifices. Il voulait que son cœur fût pur comme un lis, orné aussi de ses actes de vertu qui seraient comme les fleurs dont l'autel est paré aux jours des grandes fêtes : Jésus serait content.

L'enfant ne nous a pas laissé ses impressions ; mais « il communia avec la ferveur d'un ange », dit M. l'Abbé Sévin qui le prépara. Si nous en jugeons par les actions de grâces qu'il faisait à la fin de sa vie, comme il dut s'entretenir amoureusement avec le divin Maître. En tout cas, l'impression fut profonde et il entendit nettement l'appel au sacerdoce. Après la messe, prenant sa mère à part, il lui dit tout bas avec une joie émue et grave tout à la fois : « Maman, j'ai senti que le Bon Dieu m'appelle et veut que je sois prêtre. — C'est un grand bonheur pour toi, mon petit Jean ; es-tu heureux ? — Oh ! oui, maman. — Eh bien, tu répondras généreusement à l'appel de Jésus ? — Oui, maman. » Jamais le souvenir de ce jour béni ne s'atténua dans sa mémoire. En novembre 1924, dans une rédaction où il décrivait sa maison natale, qu'alors il avait quittée depuis plus d'un an, il indiquait pourquoi il l'aimait toujours et irait volontiers la revoir aux vacances ; la principale raison était celle-ci : « Surtout elle a vu mes parents pleurer de joie quand j'ai reçu pour la première fois Celui que nous adorons en commun ! »

Sœur Thérèse a écrit de sa première communion : « Ah ! qu'il fut doux le premier baiser de Jésus à mon âme ! Je me sentais aimée et je disais aussi : Je Vous aime, je me donne à Vous pour toujours... Ce jour-là notre rencontre ne pouvait plus s'appeler un simple regard, mais une fusion. Nous n'étions plus deux. Thérèse avait disparu comme la goutte d'eau qui se perd au sein de l'océan. » *(Histoire d'une âme*, p. 71.) N'en fut-il pas un peu de même pour Jean Houi? A mesure que l'on constate les prévenances du Ciel à son égard et les dons qu'il reçut de Dieu au cours de ses premières années, on ne peut se défendre d'apercevoir certaines ressemblances entre sa petite enfance et celle de la sainte Carmélite. Sans doute il faut remarquer les distances ; elles sont considérables ; le Bon Dieu n'appelle pas tous les élus à la même perfection ; à celui-ci Il donne cinq talents ; à cet autre, deux ; et la réalité révèle beaucoup plus de nuances que n'en énumère l'Évangile. Cependant chez Jean comme chez la petite Thérèse il y eut un éveil singulièrement précoce de l'intelligence aux vérités de la foi, une attirance puissante vers Dieu, une docilité généreuse aux avances de la grâce, l'application aux actes de vertu et l'exercice du sacrifice à un âge où d'ordinaire les enfants pensent plus à jouer qu'à se mortifier.

Naturellement ces grâces fussent restées improductives sans l'éducation qu'il reçut. Mais c'est une grâce aussi, et l'une des plus précieuses, d'avoir des parents chrétiens, qui n'oublient pas que le mariage est un autre sacerdoce, — et donc, que leur premier devoir est d'élever vers Dieu les âmes confiées à leurs soins, — qui comprennent que leur affection doit être non seulement tendre mais ferme ; car, pour développer les vertus, il faut à tout prix corriger les défauts ; et, en définitive, la loi du sacrifice est le fond même du christianisme.

CHAPITRE III

Vers le Sacerdoce

Jean avait reçu l'appel de Jésus avec une joie immense. Désormais il tendra de toutes ses forces vers le but que lui assigne la volonté de Dieu ; la pensée d'être prêtre ne le quittera plus. C'est elle qui le soutiendra dans son travail d'écolier, et surtout dans la lutte journalière contre ses défauts pour l'acquisition des vertus chrétiennes. Il ira du reste souvent la vivifier dans la sainte communion : tous les quinze jours au début ; puis, de l'âge de huit ans jusqu'à son entrée au Petit-Séminaire d'Orgeville, une fois au moins par semaine.

Nous n'avons pas à le suivre tout au long des trois années qui séparent sa communion privée de sa communion solennelle. Il continua d'être l'élève affectueux et soumis que nous avons dit. Seule l'application à l'étude subit un affaissement momentané vers la neuvième année. La continuité dans l'effort lui devint pénible, presque impossible même parfois. Les leçons faciles étaient toujours sues, mais celles qui demandaient une attention soutenue et prolongée le fatiguaient vite ; il fallait être à ses côtés pour le stimuler sans cesse ; laissé à lui-même, il fût resté de longs moments devant son cahier sans écrire une ligne, ou son livre sous les yeux sans faire autre chose que répéter machinalement le texte à apprendre. Au premier trimestre de l'année scolaire, après le repos des vacances, les progrès étaient à peu près convenables ; ils devenaient moins satisfaisants au second et diminuaient encore quand arrivaient les chaudes journées d'été. Rentré à la maison, il lisait rapidement ses leçons, rédigeait au plus vite ses devoirs pour aller au magasin aider son père et les employés. Les réprimandes et même les punitions ne lui furent pas épargnées. C'étaient des secousses qui le stimulaient ; il se ressaisissait un moment, se remettait au travail, mais pour déclarer bientôt qu'il ne pouvait plus et qu'il souffrait de maux de tête. A cette époque il n'aimait pas l'étude.

Dans une rédaction charmante de simplicité comme toutes celles qu'il faisait, il nous a laissé lui-même la peinture naïve de l'écolier médiocre qu'il était alors. On lui avait donné comme sujet à développer « Le portrait d'un élève distrait ». *Ce portrait*, dit-il, *ne m'est pas difficile à trouver, car moi-même je suis bien un élève distrait. Il n'est pas rare de me trouver la tête partie, comme on dit, dans la lune !... Alors je ne pense plus à ma leçon, je m'amuse, je perds mon temps. Parfois aussi, lorsqu'on m'envoie faire une petite commission, je rapporte tout le contraire de ce qu'on m'a demandé, tellement je suis étourdi. Cette étourderie me conduit à la désobéissance : à l'école, lorsque je fais un devoir, je reste cinq, dix minutes, la plume à la main, et je ne me remets au travail que lorsque l'on me secoue le bras pour m'y faire repenser ; cela fait qu'au lieu de mettre une demi-heure à faire un devoir, je mets une heure... On me dit souvent qu'il faudra que je me corrige de ce petit défaut qui pourrait grandir avec moi et devenir nuisible à mes études.*

Il fallut bien se rendre compte que cette impuissance au travail intellectuel tenait à l'état de sa santé. Il avait toujours été de santé délicate ; mais la croissance avait affaibli l'organisme ; le corps n'était plus l'instrument docile de l'âme. Le médecin consulté prescrivit des ménagements et brûla des végétations qui empêchaient la respiration d'être normale.

L'une de ses grandes joies pendant cette période fut de servir la Sainte Messe. Il avait sollicité cette faveur au lendemain même de sa communion privée et quelques jours lui avaient suffi pour apprendre les prières et se mettre au courant des cérémonies. Il s'acquittait de ses fonctions avec un recueillement que remarquaient les fidèles. A l'autel, il était tout près du Bon Dieu et dans son rôle de petit séminariste ; car, il aimait à se considérer comme tel. Il se plaisait du reste avec le prêtre et volontiers il eût passé des journées entières chez le Vicaire de sa paroisse, M. l'Abbé Sévin. Celui-ci l'accueillait avec une paternelle bonté, ne se lassait jamais de ses questions et Jean le consultait à propos de tout. Avait-il quelque chagrin, lui arrivait-il de commettre une sottise, vite il demandait l'autorisation d'aller voir Monsieur l'Abbé, lui racontait tout avec sa grande franchise habituelle et il revenait chez lui tout rasséréné.

Monsieur l'Abbé lui avait demandé de faire au moins un sacrifice par jour, avait-il confié à sa mère ; et il mettait toute son application à multiplier les petits sacrifices.

Les occasions ne lui manquaient pas : les défauts de sa petite enfance n'avaient point disparu. Il était porté à l'orgueil, à l'entêtement, à la gourmandise et, nous l'avons vu, à la paresse, à l'étourderie. Contre tout cela, il devait lutter et il le faisait vaillamment. On lui avait appris que dans la vie du chrétien la lutte est le pain de chaque jour : il s'agit de déjouer les ruses de Satan qui exploite les faiblesses de notre nature déchue et de faire de notre âme la ressemblante image du Christ en imitant ses vertus. C'est à quoi il travaillait. L'un de ses devoirs de classe encore nous le révèle. On lui a demandé à qui il voudrait ressembler et pourquoi. Voici sa réponse :

Lorsque je fais une faute, on me rappelle souvent la jeunesse de l'Enfant Jésus ; lorsque j'ai un mouvement d'orgueil, on me rappelle l'humilité de Jésus ; si je suis désobéissant, on me rappelle son obéissance ; si je m'emporte, on me rappelle sa patience et l'on me fait voir la différence entre ma colère et les saintes colères de Jésus. Alors je conclus que je devrais bien Lui ressembler et être comme Lui obéissant, doux, aimable, travailleur, moi qui souvent ne fais pas attention aux observations que l'on me fait, qui parfois écorche la vérité, qui suis souvent brutal avec mon petit frère.

Je voudrais ressembler à l'Enfant Jésus, parce qu'Il était un modèle de toutes les qualités, et enfin pour faire plaisir à mes parents et au Bon Dieu. Mais, hélas ! je suis bien loin de Lui ressembler; je fais pourtant des efforts pour devenir meilleur; j'ai pourtant sous les yeux tous les jours deux modèles vivants: ce sont papa et maman, eux qui sont si patients, bons et consciencieux. Je trouve que je suis bien loin de leur ressembler. Je le voudrais pourtant bien, afin de devenir un bon petit garçon, à l'exemple de l'Enfant Jésus, le modèle de mon âge.

Cette page qu'il a écrite avant d'avoir dix ans nous livre la grande pensée de sa vie de petit séminariste : *devenir semblable à Jésus*. N'est-ce pas en effet l'idéal du prêtre, tout l'idéal du prêtre? Sa foi lui montrait clairement le but et la voie qui y conduit ; sa volonté y tendait de toutes ses forces. Car, si le travail intellectuel a faibli, jamais la volonté n'a perdu de son énergie pour la correction de ses défauts. Il suffisait de lui dire dans les plus durs moments de crise : « Voyons, Jean, un sacrifice pour le Bon Jésus ; Il en a fait bien d'autres pour toi ! » ou encore : « Prends garde, Jean ; il y a le démon qui rôde autour de toi ; voudrais-tu l'écouter et faire de la peine au Bon Jésus? » Si violent que fût le combat, si abondantes que fussent les larmes, il reprenait bientôt son calme, se mettait à sourire : « Je ne veux pas faire de peine au Bon Jésus, maman ; je veux l'aimer. »

Les témoins de son enfance sont unanimes sur ce point : « Il suffisait de lui signaler un défaut ; dès qu'il l'avait aperçu, généreusement il entrait en lutte en évitant tous les actes de ce défaut et en pratiquant la vertu contraire. Ses vertus étaient bien les fruits de ses efforts, de son courage, de sa persévérance et de son désir de plaire au Bon Dieu. On est trop porté à croire que les gens vertueux le sont naturellement et sans effort. En tout cas, c'est faux pour Jean qui s'est certainement présenté devant le Bon Dieu les mains pleines de mérites. *Il s'est vaincu journellement.* »

Et ce n'était pas un effort intermittent et passager ; c'était une volonté constante. Les fautes qu'il commettait étaient dues surtout à l'étourderie ; lorsqu'on les lui signalait, « il manifestait tant de surprise et de contrariété qu'on voyait bien qu'il n'y avait aucune mauvaise volonté».

Sa générosité s'exerçait aussi aux œuvres de charité. Il apprenait à s'oublier et à se dévouer. Depuis la guerre, la santé de M. Houi restait affaiblie. Les courses à bicyclette pour prendre les commandes de la clientèle lui devenaient extrêmement pénibles. Jean s'offrit à le remplacer. Le mercredi soir il prolongeait son étude pour être plus libre le lendemain ; et, le jeudi, il allait recueillir les commandes à domicile. Ce lui était une douce joie de rendre ainsi service à son cher papa qu'il aimait tant et la fatigue était vite oubliée lorsque le soir celui-ci lui témoignait son contentement par un merci.

Aucune souffrance ne le laissait insensible. Ses petites économies d'enfant étaient toutes employées en bonnes œuvres. Dès qu'un appel était fait, il interrogeait du regard ses parents : « Vous donnerez, n'est-ce pas ? » Et, sur leur réponse affirmative : « Et moi ? — Mais, tu n'as pas d'argent, mon enfant. — Oh ! si vous vouliez, je prendrais quelque chose dans ma tirelire ; je serais si heureux ! — Combien voudrais-tu donner? — Est-ce que je ne pourrais pas donner tout? » Et, quand on lui faisait comprendre qu'il valait mieux garder une petite réserve pour d'autres misères que peut-être il serait heureux encore de secourir : « Alors, concluait-il, je donnerai ce que vous voudrez. »

Les peines morales ne le touchaient pas moins que la souffrance physique. Quand son petit frère Robert, qui avait cinq ans de moins que lui, se faisait punir pour quelque étourderie, il eût mieux aimé subir lui-même la punition que de le voir pleurer.

Ainsi ses efforts fécondés par la grâce augmentaient sa vertu et le désir d'être prêtre se faisait plus pressant. Sa grande préoccupation était désormais d'entrer au Petit-Séminaire le plus tôt possible. Quel bonheur, quand en octobre 1922 il apprit que Sa Grandeur Mgr Chauvin l'admettait exceptionnellement à la Première Communion solennelle au printemps suivant. C'était pour octobre 1923 le départ pour Orgeville. « Il eut le sentiment que son beau rêve prenait corps, qu'il n'avait plus que cette année là à passer, qu'ensuite commenceraient les études sérieuses, la vie réglée qui le conduirait au but vers lequel tendait tout son être. On sentait son bonheur et sa volonté ardente de bien faire, de se vaincre en toute occasion. Quand il pouvait trouver un instant libre, il demandait la permission d'aller à l'église et il passait quelques minutes devant le Saint-Sacrement. »

Il a laissé dans son petit livre de méditations (1) le tableau écrit des sacrifices et des prières par lesquelles il se prépara à cette grande cérémonie de sa Première Communion solennelle. Rien n'est édifiant comme l'examen de ce tableau. En trois semaines, les victoires contre le défaut dominant, les mortifications et les sacrifices, les actes de bonté à l'égard du prochain sont décuplés ; les défaites passent de cinq à zéro et le zéro se maintient constamment pendant les douze derniers jours ; les visites au Saint-Sacrement, les dizaines de chapelet se multiplient, surtout à l'approche de la fête bénie.

Cette note nous révèle le soin avec lequel il dressait chaque soir le bilan spirituel de sa journée dans un examen de conscience d'une minutieuse netteté. Ainsi font les âmes éprises de perfection qui veulent assurer leurs progrès dans l'amour de Dieu.

---

(1) *Veillez et Priez*, par l'Abbé Bouvet, Paris, de Gigord.

II

ORGEVILLE

CHAPITRE IV

Le Petit Séminaire. L'Obéissance au Règlement.

Ce fut le mardi 2 octobre 1923 que Jean entra à Orgeville. L'éloignement de sa famille était un rude sacrifice ; on sait de quelle affection il aimait ses parents; mais le sacrifice était joyeusement accepté en vue du but à poursuivre. « Soyez tranquille, maman, disait-il à Mme Houi à l'heure des adieux, je penserai souvent à vous, mais je ne m'ennuierai pas, car je viens pour répondre à l'appel du Bon Dieu et faire sa volonté. » Le soir, en étude, un professeur qui avait remarqué cet enfant plus jeune que les autres, lui ayant demandé s'il n'était pas trop chagrin d'avoir quitté ses parents et s'il pensait s'habituer aisément, Jean lui répondit d'un air décidé : « Oh ! Monsieur l'Abbé, je ne m'ennuierai pas ; je suis venu pour me préparer à être prêtre ; je sais bien que je ne pourrais pas le faire dans ma famille. » La réponse fut trouvée bien raisonnable de la part d'un si petit élève et le professeur s'éloigna sceptique pensant en lui-même : « On verra demain ce qu'il adviendra de cette candide ardeur ! »

Ni le lendemain, ni les jours suivants, Jean ne démentit son énergique attitude. Il était au Petit-Séminaire ;

le rêve qu'il caressait depuis plus de trois ans se réalisait. Il était heureux. Dès le début il s'appliqua sans réserve à l'œuvre de sa formation sacerdotale, docile à tous les avis de ses maîtres, attentif à toutes les prescriptions du règlement.

Ceux qui n'ont aucune expérience de la vie d'un Petit-Séminaire auront peine à donner à cette remarque toute sa portée ; ils ne se représenteront pas aisément le nombre de petits sacrifices et de renoncements à la volonté propre, et aussi d'efforts généreux que suppose, chaque jour, et à chaque instant du jour, l'observation scrupuleuse du règlement.

Le but général du Petit-Séminaire est de donner aux futurs prêtres toute leur valeur humaine et chrétienne :

corriger leurs défauts,

cultiver leurs qualités naturelles,

pour former des hommes au sens plein du mot ;

mais, en même temps que se forme l'homme, développer en eux l'esprit de foi et les sentiments de piété pour qu'ils deviennent des âmes vraiment surnaturelles ;

car, c'est par ce seul moyen que plus tard, après le noviciat du Grand-Séminaire, ils pourront être des prêtres profondément pieux, laborieux et instruits, oublieux d'eux-mêmes, animés d'un zèle ardent pour le service de Dieu et le salut de leurs frères.

L'élève du Sanctuaire n'atteint cet idéal qu'en apprenant tout jeune à réprimer ses caprices, à sacrifier ses fantaisies, pour suivre constamment la grande loi du devoir.

Ce renoncement sans doute est adouci et rendu facile par l'affectueuse bonté des professeurs qui sont des pères, par l'amitié serviable des condisciples qui se soutiennent, s'encouragent et s'entraident fraternellement, surtout par les grâces que le Bon Dieu déverse avec une particulière générosité sur ces pépinières du recrutement sacerdotal. Les enfants qui savent répondre à l'appel divin en se donnant avec générosité ne sont nulle part plus joyeux, nulle part plus heureux que dans un Petit-Séminaire.

Ce bonheur, Jean Houi le trouva à Orgeville. Le Petit-Séminaire commençait sa troisième année d'existence quand il y arriva. A Évreux comme dans presque tous les diocèses de France les lois de séparation avaient fait leur œuvre néfaste. Le Petit-Séminaire Saint-Aquilin, propriété de la mense épiscopale, avait été mis sous séquestre et les séminaristes, pendant de longues années, avaient dû trouver un abri au Collège Saint-François-de Sales. Ils y formaient une division à part, ayant leurs études, leurs récréations et leurs exercices de piété particuliers, mais les classes communes avec les autres élèves. En septembre 1921, Mlle Bonjean, petite fille du Président fusillé pendant la Commune, offrait à Monseigneur l'Évêque d'Évreux, pour y rétablir son Petit-Séminaire, de vastes locaux édifiés à Orgeville en souvenir de son grand-père et destinés à des œuvres d'enfants. Orgeville est à 16 kilomètres d'Évreux ; les bâtiments s'élèvent sur une colline d'où le regard embrasse de vastes horizons ; c'est la campagne, le grand air, le calme ; l'endroit est particulièrement propice pour un internat de jeunes gens et pour le recueillement d'un Petit-Séminaire. En acceptant l'offre généreuse qui lui était faite, Mgr Chauvin envoyait à Orgeville un corps professoral d'élite.

Jean Houi fut tout de suite à l'aise dans ce milieu. Il aimait les prêtres ; et ses professeurs étaient si profondément prêtres ! L'enfant fut mis en sixième pour commencer l'étude du latin. Il y avait vingt six nouveaux ; la plupart entrant en sixième, cette classe compta vingt-trois élèves. Son professeur, qui devait devenir son directeur de conscience, le discerna tout de suite parmi les autres : « Quand je le vis pour la première fois, écrit-il, je fus frappé par son regard droit, l'aisance de ses manières, sa spontanéité et son exquise politesse... C'était un enfant bien élevé. Dans tout ce qu'il faisait, il était simple. Quelle douceur dans son langage ! Tous ceux qui l'ont connu ont été sensibles au charme gracieux répandu dans toute sa personne. » Dès l'abord le maître et l'élève se comprirent : chez celui-ci s'établit une respectueuse confiance ; celui-là prodigua un affectueux dévouement à une âme qu'il savait être généreuse.

L'une des premières préoccupations de Jean fut de se pénétrer de l'esprit du Petit-Séminaire, afin d'être séminariste dans toute l'acception du mot. Ce fut sans doute la grande pensée de sa retraite de rentrée. Malheureusement il ne nous a laissé aucune note écrite sur ces exercices spirituels. Nous avons du moins sous les yeux le Manuel dont il se servit au cours de cette première année : « Le Livre du Petit Séminariste » par l'Auteur des Paillettes d'or. Les passages qu'il a soulignés sont révélateurs de ses intentions et de ses désirs : d'abord ce qu'est le prêtre et comment se forme le prêtre ; puis, ce qu'est la piété, comment elle se développe par la prière, par la dévotion à la Sainte Vierge, par l'habitude de la pensée de Dieu et par la fréquente communion. Il a également souligné les articles qui concernent l'éducation de la volonté par l'obéissance, celle du cœur par l'exercice de la bonté et par la pratique du dévouement ; enfin, les articles sur l'étude, spécialement les règles pour bien travailler. Ce petit manuel a été lu, relu, médité à maintes reprises, jour par jour peut-être. On sent que l'enfant a voulu profiter de tous les conseils qui y sont donnés afin de se former une âme sacerdotale.

Les souvenirs de ses maîtres et de ses condisciples confirment ce sentiment. Dès le début de l'année il se distingua par son ardeur au travail. Bien persuadé que l'attention en classe est la première condition du succès comme des progrès, il s'appliquait à ne perdre aucune des explications données ; les yeux fixés sur le professeur, il recueillait avidement toutes ses paroles. L'arithmétique lui semblait particulièrement difficile et il avait parfois exprimé ses craintes de n'y pouvoir réussir ; c'est aux classes d'arithmétique qu'il apportait le plus d'efforts. Son professeur avouait qu'il était faible au commencement, mais ajoutait que jamais disciple ne l'avait mieux écouté et n'avait réalisé de plus rapides progrès. Application bien méritoire : les maux de tête dont il avait souffert vers l'âge de huit ou neuf ans n'avaient pas entièrement disparu et le calcul les provoquait plus qu'aucune autre matière. Mais l'enfant s'était dit qu'il fallait à tout prix réussir ; dès cette époque il prenait l'habitude de ne plus tenir compte de cette indisposition, offrant à Dieu ses fatigues et ses souffrances, heureux même de pouvoir de la sorte témoigner à Notre-Seigneur qu'il l'aimait de toute son âme (1).

Si d'aventure un devoir était moins bien soigné ou une leçon moins apprise, il suffisait d'une simple remarque. La remarque était un coup de fouet ; Jean allait trouver son professeur : « Monsieur l'Abbé, je vous promets de ne plus recommencer. » Les succès couronnèrent ses efforts : billets de satisfaction et tableaux d'honneur lui furent constamment décernés ; plus jeune que ses condisciples, il fut classé dans le premier tiers aux deux premiers trimestres et il obtint comme moyenne de l'année le second accessit d'excellence, c'est-à-dire le quatrième rang. Il eut au palmarès douze nominations, dont le premier prix de version latine et le deuxième d'examens. Ces résultats lui causaient grande joie, non pour lui, mais pour ses parents et ses maîtres, et surtout, disait-il, « parce qu'ils étaient voulus de Dieu ». Lorsque par hasard il n'obtenait pas en composition la place désirée,

(1) Nous devons ces renseignements à l'obligeance de M. le Chanoine Loth, Supérieur du Petit Séminaire d'Orgeville, et particulièrement de M. l'Abbé Le Feunteun qui fut le professeur et le directeur de Jean pendant son année de Sixième.

il ne manifestait ni jalousie ni dépit, mais il se réjouissait que d'autres eussent été plus heureux.

La discipline allait de pair avec l'application au travail. N'est-elle pas la gardienne du travail? « En étude, au dortoir, dans les rangs en se rendant d'un exercice à l'autre, il observait le silence avec une vigilance attentive ; ses condisciples en étaient frappés et son recueillement édifiait. « Il était toujours à son devoir, écrivait l'un d'eux en apprenant sa mort, et jamais je ne l'ai vu se dissiper. » « Il nous donnait le bon exemple sur les rangs en gardant le silence », écrit un second. Et un troisième raconte cette anecdote : « Un jour où je retardais plus que de raison d'accomplir une punition méritée, Jean me dit doucement : « Vois-tu, il faut faire passer l'obéissance avant tout le reste. » Parole remarquable chez un enfant de dix ans soumis aux multiples exigences d'un règlement de Petit-Séminaire. Si l'obéissance est la vertu la plus importante chez les enfants, il faut avouer aussi que c'est celle qui leur est la plus difficile à pratiquer et leur vaut le plus de mérites. Jean s'y livrait par une attention constante à réprimer les saillies de sa nature vive et mobile. Dans toute son année scolaire, pour la conduite générale, on ne relève à son compte sur les registres du Petit-Séminaire qu'une seule note Bien ; toutes les autres atteignent le maximum Très Bien.

Aussi développa-t-il rapidement en lui-même l'esprit de sacrifice. Les maîtres voués à la formation des futurs prêtres savent par expérience qu'une vocation n'est assurée que du jour où elle produit cet heureux effet. L'aspirant au sacerdoce qui cède sans réflexion à ses moindres caprices, qui n'apprend pas à lutter et à vouloir, ne tarde pas à trouver insupportable le séjour du séminaire ; il entrevoit comme trop difficile pour lui l'idéal de renoncement que doit être la vie du prêtre, et il retourne au monde vers une existence plus facile, n'ayant pas le courage de répondre à l'appel divin. N'est-ce pas l'histoire de ce jeune homme de l'Évangile que Jésus avait discerné et aimé, mais qui s'en alla tout triste quand le Maître, lui montrant le détachement, lui demanda de vendre tous ses biens pour en donner le prix aux pauvres ?

Le petit séminariste d'Orgeville se souvenait des leçons de son enfance : il s'appliquait à dompter ses défauts ; il refoulait ses désirs chaque fois que parlait le devoir par la voix du règlement. Ainsi, il développait l'énergie de sa volonté et réalisait déjà selon ses forces les renoncements du sacerdoce : « La vie du prêtre, écrivait-il dans une de ses lettres, est surtout faite de sacrifices. » Quand on lui conseillait d'aller voir M. le Supérieur pour ses maux de tête : « Oh ! disait-il avec son sourire, c'est toujours comme cela ; je serais constamment au bureau de M. le Supérieur! » « Étant à l'infirmerie avec moi, note un de ses condisciples, il acceptait la maladie avec résignation, il se laissait soigner sans résistance. » Volontiers aussi il se privait des petites douceurs dont les enfants agrémentent leur goûter. En toutes choses il entendait non seulement pratiquer le devoir signifié par la règle du séminaire, mais encore obéir à la volonté de Dieu manifestée par les circonstances particulières et les événements de la vie. Et même aux sacrifices ainsi demandés et déjà bien nombreux, il ajoutait des sacrifices de surérogation et librement choisis.

CHAPITRE V

Piété. Bon exemple. Influence.

Naturellement c'est dans la piété qu'il puisait les énergies nécessaires à ces renoncements de la discipline et du travail. Un enfant, si heureusement doué qu'il soit, ne trouvera jamais dans les forces de sa nature le courage d'une telle vertu. « Cette âme choisie croissait chaque jour, dit son directeur d'Orgeville, et le secret de son ascension, c'était sa piété. « Il suffisait d'ouvrir les yeux, écrit un condisciple plus âgé, pour voir les progrès de ce petit. »

Il était remarquable par son attitude pendant les prières. A l'étude, en classe, ses regards étaient fixés sur le Christ ; à la chapelle ils ne se détournaient pas du Tabernacle et son visage rayonnait le recueillement le plus complet. « Sa tenue, son recueillement étaient pour ses camarades une prédication discrète ; elle reste dans leur souvenir comme un exemple. » A la chapelle, comme aux différents endroits où l'on récitait une prière, on le voyait toujours dans une attitude pieuse. » « A la chapelle il avait une attitude de recueillement qui nous édifiait, il priait d'une façon exemplaire. » « Il n'y avait qu'à le regarder pour savoir comment prier (1). »

Sa grande dévotion allait à l'Eucharistie. Il n'entrait jamais dans une église sans être saisi par le sentiment de la présence de Dieu et il ne comprenait pas qu'un séminariste pût s'oublier jusqu'à rire ou à parler devant le Saint-Sacrement. C'était pour lui un scandale et il ne parvenait pas toujours à maîtriser son indignation. Un jour à la fin d'une récréation il aborde un de ses condisciples l'air attristé : « Comprends-tu, toi, que des séminaristes rient devant l'autel, quand le Saint-Sacrement est exposé sous leurs yeux? » En vacances, assistant à la messe, il remarque que des enfants ne se tiennent pas bien : « Papa, dit-il, je vous demanderai une autre fois de m'autoriser à ne pas me mettre dans le chœur ; ces enfants qui se dissipent m'empêchent de bien prier le Bon Dieu. »

Les professeurs d'Orgeville étaient, comme les élèves, frappés de lui voir les yeux toujours fixés sur l'autel, surtout pendant les Saluts du Saint-Sacrement. Et l'un d'eux surprit un jour une conversation qui l'émut profondément. Jean demandait assez naïvement à l'un de ses amis : « Tu n'es pas fatigué, toi, quand tu assistes au Salut? — Non ; pourquoi donc? — Ah ! parce que, vois-tu, de regarder la sainte Hostie dans l'ostensoir

(1) Témoignages de ses condisciples d'Orgeville au lendemain de sa mort.

pendant un quart d'heure me donne mal à la tête. » Évidemment l'enfant ne perdait pas une seconde de cette audience du divin Maître. Il Le regardait et il Lui parlait du fond de son cœur.

A Orgeville, comme dans tous les Petits-Séminaires, la visite au Saint-Sacrement est l'un des exercices de piété les plus vivement recommandés aux élèves. Elle se fait pendant la récréation de quatre heures. Jean n'y manquait jamais et son ambition était d'y entraîner les autres. Interrompant le jeu commencé, il les invitait délicatement à le suivre : « Veuillez m'excuser ; je m'absente quelques minutes ; je vais voir le Bon Dieu ; si vous voulez Lui rendre visite avec moi, ce sera mieux encore : n'a-t-il pas dit : « Lorsque deux ou trois de mes disciples « seront assemblés en mon nom, je serai au milieu d'eux.» Au cours des vacances il allait régulièrement, vers la même heure, solliciter de sa mère ou de son père l'autorisation de se rendre à l'église paroissiale et pendant un quart d'heure au moins il restait prosterné aux pieds du Dieu dont il voulait devenir le prêtre.

Comme il aimait Jésus et comme il était ému quand il prononçait ce Nom Béni ! Le souvenir vivra longtemps à Orgeville d'une petite pièce intitulée « L'Appel de Noël » qui fut jouée en 1924 à l'occasion de la fête de M. le Supérieur et où il interpréta le rôle de l'enfant charitable. Le thème de la pièce est fort simple. En la nuit de Noël un

---

(1) *L'Appel de Noël*, par J. Orget, à Neuilly (Oise).

petit garçon accueille avec une charité délicieuse l'Enfant Jésus et saint Tharcisius qui se présentent en mendiants. Ceux-ci lui sauvent la vie. En outre, pour récompenser sa charité, le Sauveur donne à l'héroïque enfant la grâce de la vocation sacerdotale. A la dernière scène, les mendiants révèlent leur véritable identité. Jésus apparaît avec Tharcisius vêtu d'habits éblouissants et l'enfant charitable reconnaît son Dieu. Jean Houi interpréta le rôle du petit garçon avec une aisance et une conviction qui émurent les assistants. Mais quand, à la fin, agenouillé et comme en extase, reconnaissant Jésus, il eut à prononcer ces mots de son rôle : « Jésus, Jésus, Jésus ! » il se prit à sangloter. Son émotion était si visible, si vraie, si poignante, qu'elle gagna l'assistance tout entière et que des larmes coulèrent des yeux des maîtres et des élèves. A ses condisciples qui l'interrogeaient ensuite sur la cause de ses larmes Jean ne fournit que des explications embarrassées. La vérité est que son âme était prise jusqu'en son tréfonds par le sujet et que son amour ardent de Jésus avait provoqué en lui une émotion à laquelle il n'avait pu résister.

Après Notre-Seigneur, il aimait ardemment la Très Sainte Vierge. N'est-elle pas la Reine du clergé et la Mère des petits séminaristes? De quelle affection Elle veille sur les futurs prêtres qui doivent continuer ici-bas, l'œuvre du salut des âmes pour laquelle Elle consentit autrefois au sacrifice de son divin Fils sur la Croix du Calvaire ! Et puis l'apôtre bien-aimé dont l'enfant portait le nom ne fut-il pas spécialement confié à la garde de Marie? Jean avait pour la Vierge une tendresse filiale. A la veille du 8 décembre 1924, ayant quitté Orgeville depuis près de cinq mois, il écrivait à M. le Supérieur : « La Sainte Vierge est la protectrice si bonne de votre Petit-Séminaire... Que tous, professeurs et élèves, présents et absents, nous nous réjouissions dans le Cœur Immaculé de Marie ! Demain c'est fête à Orgeville ; mais n'oublions pas Notre-Dame d'Avranches qui instruit une centaine d'élèves ecclésiastiques et dont c'est la fête patronale. Oh ! la Sainte Vierge est bien partout la protectrice de ses prêtres et de ses séminaristes ; elle les aime et elle les conserve pour son Fils. » Jamais dans ses lettres le nom de Marie n'est séparé de celui de Jésus.

Sa piété envers la Vierge se traduisait par une continuelle et fervente récitation du chapelet. Ses condisciples d'Orgeville, comme plus tard ceux d'Avranches, le voyaient toujours dans les défilés un chapelet à la main. Il en faisait discrètement glisser les grains entre ses doigts, tandis que ses lèvres murmuraient les paroles de l'Ave Maria. Le soir il ne s'endormait jamais sans son chapelet et sans une petite statue de Notre-Dame de la Garde que son père lui avait rapportée de Marseille en 1916 et qui depuis ne l'a quitté ni jour ni nuit jusqu'à l'heure de sa mort. Ce trait évoque un souvenir tout semblable de la vie du saint Curé d'Ars. Il avait reçu lui aussi ,vers l'âge de quatre ans, une statuette de la Sainte Vierge en échange d'un chapelet cédé à sa jeune sœur. Il disait longtemps plus tard, à la fin de sa vie : « Oh ! que je l'aimais, cette statue ! Je ne pouvais m'en séparer ni le jour ni la nuit, et je n'aurais pas dormi tranquille si je ne l'avais pas eue à côté de moi dans mon petit lit... La Sainte Vierge, c'est ma plus vieille affection : je l'ai aimée avant même de la connaître. »

Jean Houi l'aimait aussi de tout son cœur et on comprendra aisément que cet enfant de la Vierge n'ait pas été seulement un modèle de piété, de travail et de discipline. Toutes les vertus s'épanouissaient en lui. Et d'abord la pureté : « Son clair et frais visage portait l'auréole d'innocence qui fait la beauté de la jeunesse chrétienne, écrit l'un de ses maîtres. Son âme n'a jamais été effleurée par le mal et tous ceux qui l'approchaient devinaient sa pureté. » Ses condisciples ont remarqué sa délicatesse de conscience « qui lui faisait détester toute parole déplacée ». « Quelle retenue dans son langage ! jamais je n'ai entendu sortir un mot grossier de sa bouche. » « Dans ses conversations il avait à cœur de ne jamais employer de locutions triviales. » Jean avait horreur du péché et il avait peur du monde, que l'Évangile présente si souvent comme la source du péché. Évidemment il ne se rendait pas bien compte de ce qu'il faut entendre par « le monde ». Pour lui, le monde c'était la société en dehors de sa famille, du Petit-Séminaire et des prêtres. Il éprouvait une gêne visible à voyager seul, craignant par-dessus tout qu'un spectacle mauvais, une parole inconvenante ne vînt ternir la pureté de son cœur.

L'horreur du péché l'excitait à la correction de ses défauts. Sur ce point, il avait toujours à combattre. Très sensible, ayant, comme nous l'avons dit, beaucoup d'amour-propre, le moindre reproche le faisait pleurer dans les premiers mois de son Petit-Séminaire. S'il arrivait à ses camarades de le contrarier ou de le vexer, il éprouvait des mouvements de colère violente. Mais il savait lutter. La colère s'apaisait vite ; il ne gardait point rancune et trouvait d'ordinaire un moyen délicat de faire oublier son geste d'impatience. « Il était très bon camarade, n'ayant de rancune pour personne » notent unanimement ses condisciples. Nous avons déjà signalé à propos du travail de classe que le moindre reproche de ses maîtres provoquait aussitôt de sa part des excuses et la promesse d'être plus appliqué. Quand son directeur lui faisait remarquer ses fautes extérieures : « Je fais cependant des efforts pour me corriger », disait-il simplement.

Sa charité s'épanouissait en bonté. S'il voyait un condisciple plus âgé en taquiner de plus jeunes, il lui demandait de ne pas faire souffrir ainsi ses petits camarades. Un jour un maître ayant puni sévèrement un élève en sa présence, il se prit à pleurer par compassion pour le coupable. Son bon cœur s'affligeait de toutes les peines d'autrui. « Les premiers jours de mon entrée à Orgeville, raconte un de ses petits camarades, comme je m'ennuyais parfois, il me disait doucement, lui qui était nouveau comme moi : « Ne pleurez pas, il ne faut pas « pleurer; vous ne trouverez ici que de bons camarades ;

« du moins j'en serai un pour vous. » « Il était charitable envers tous, écrit un autre, et s'il voyait quelqu'un dans la peine, aussitôt il allait le consoler. »

Il évitait lui-même avec soin de faire de la peine ; il avait bien à cela quelque mérite, car il était bon observateur ; il saisissait tout de suite le côté drôle des personnes et le rendait aisément avec humour. Mais jamais on ne l'a vu abuser de ce talent ; c'est encore une des raisons qui faisaient aimer et rechercher sa compagnie.

Dans cette âme aimante et délicate, la reconnaissance semblait être une vertu toute naturelle. A tous ceux qui lui avaient rendu quelque service ou fait quelque bien il témoignait sa gratitude. Ce sentiment déborde de toutes les lettres qu'il adresse à ses anciens maîtres après son départ d'Orgeville. A la date du 23 juillet 1924, dix jours après son arrivée en vacances, sachant que la séparation est définitive, il écrit à l'un de ses professeurs : « Je vous remercie d'abord de la gentillesse que vous avez eue pendant l'année à mon égard » ; à son infirmière : « Je viens vous remercier de la sollicitude dont vous m'avez entouré pendant mon séjour à l'infirmerie » ; à M. le Supérieur : « Je vous remercie de votre paternelle affection ; les kilomètres qui nous séparent ne font que resserrer ma reconnaissance à votre égard et envers mes chers professeurs. »

Quant à son directeur de conscience, c'est une correspondance suivie qu'il entretient avec lui pour lui redire tout au long des vacances son indéfectible affection et sa profonde gratitude : « Bien-aimé père, je vous remercie d'être venu passer quelques jours près de moi ; soyez sûr que ces jours ont été les meilleurs de mes vacances... La seule crainte que j'aie, la voici : vous oublier au cours de ma vie... mais non ! ce serait de l'ingratitude ! Les liens qui m'attachent à vous sont de platine, « imbrisables » et d'une valeur sacrée. »

En même temps que la bonté, l'humilité se développait en lui. Il relisait souvent le dix-septième chapitre de son livre « Veillez et Priez » qui traite de cette vertu. L'orgueilleux veut qu'on l'admire ; il se croit plus intelligent que les autres ; il ne sait ni écouter les autres ni leur obéir ; il ne croit jamais avoir tort. Comme l'enfant s'appliquait à éviter ces défauts ! Comme il essayait d'imiter l'humilité de Jésus ! Avec quels accents il demandait cette grâce dans ses entretiens au pied du tabernacle, ses notes spirituelles de l'Institut Notre-Dame nous le révèleront.

Enfin, l'un des traits dominants de cette âme de petit séminariste, c'était la joie. On a dit de la joie, qu'elle est la marque de la vraie vertu, la caractéristique des âmes en paix. Son allégresse intérieure se lisait sur son visage, dans ses yeux ; elle se traduisait par un rire éclatant, par son entrain au jeu : c'était une âme en paix. Il s'était donné sans réserve à son Jésus ! Il était heureux. Aussi fallait-il le voir en récréation prendre l'initiative des jeux ou les ranimer quand ils languissaient ; pour cela encore ses condisciples aimaient sa société.

Nous devons ajouter qu'il exerçait sur la plupart d'entre eux une réelle et salutaire influence. Mais combien elle fut discrète ! Ses maîtres d'Orgeville ne l'ont bien connue que par les témoignages recueillis après sa mort. « Il me disait parfois : Tu ne travailles pas ; tu t'amuses au lieu de travailler. Il faut travailler quand il le faut et jouer quand il le faut. » « Ce fut toujours lui qui après mon directeur me soutint dans mes peines par ses bons conseils et ses consolations si cordiales. » « J'ai souvenance du grand bien qu'il m'a fait en m'apprenant l'effort ; je me rappelle qu'assez souvent pendant la classe il me souriait un moment, et après me faisait mettre ardemment au travail. » « S'il voyait les autres peu disposés à jouer, il savait les entraîner d'un mot aimable, ou même par un doux reproche il leur demandait d'obéir au règlement ou de se réchauffer en courant.» « C'était pour nous un modèle et par son exemple nous nous abstenions de nous dissiper. »

Ces témoignages des élèves qui l'ont bien connu montrent le rayonnement de son âme aimante. Ses attentions délicates, sa grâce discrète, sa régularité, sa piété, en imposant le respect, lui donnaient tout naturellement cette action profonde sur ceux qui vivaient à ses côtés. Il pratiquait ainsi l'apostolat de l'exemple dans toute la mesure où il le pouvait, en attendant l'apostolat du sacerdoce, qu'il avait sans cesse en vue et auquel il préludait de la sorte avec tant de bonheur. Cet apostolat était si simple, si empreint de bonté que beaucoup de ses condisciples cherchaient positivement à tirer de lui un conseil utile et un encouragement au bien.

Il aimait tous ses camarades sans exception évitant avec soin ces compagnies fermées qui sont, a-t-on dit, la peste des communautés. Il avait pourtant ses amis qu'il choisissait avec discernement, après approbation de son confesseur, pour la pratique de la vertu et l'encouragement mutuel au bien. L'un de ces privilégiés a écrit : « Il a passé parmi nous comme un ange éducateur ; non seulement il faisait le bien en général, mais encore il cherchait à s'attirer quelques bons amis pour leur donner son affection et ses conseils très gentiment. »

Son influence n'était pas interrompue par les vacances. Alors il écrivait et ses lettres étaient particulièrement pressantes quand il s'agissait de la fidélité à la vocation. « Il avait soin de me rappeler dans chaque lettre de ne pas aller avec de mauvaises compagnies pour ne pas perdre ma vocation. » « Il me disait dans ses lettres de faire en toutes choses la volonté de Dieu, de toujours Le contenter et Lui faire plaisir. » Une autre réponse d'un de ses condisciples d'Orgeville est encore plus révélatrice de sa passion de conquérir les âmes : « Je voulais vous dire, lui écrit ce condisciple, je voulais vous dire, avant de quitter le séminaire pour aller en vacances, que vous étiez l'intermédiaire de Jésus à côté de moi... Vous aviez raison de vous mettre en colère quand je faisais mal... Je me rappelle souvent ces mots que vous m'avez écrits : *Celui qui veut peut.* Comme vous me l'avez dit, le démon nous suit partout et quand le Bon Dieu n'est plus avec nous, il nous fait davantage tomber dans le péché. Je vous écrirai pendant les deux mois prochains afin que par vos réponses je reçoive toujours les conseils d'un bon ami qui est près de moi l'intermédiaire de Notre-Seigneur Jésus-Christ. »

On comprendra sans doute, après ces détails, ces lignes que M. le Supérieur du Petit-Séminaire d'Orgeville adressait à M. et à Mme Houi au lendemain de la mort de son ancien élève : « Votre petit Jean a passé parmi nous comme un enfant de prédilection que nous avons aimé plus que les autres. Il restait nôtre par l'affection et nous le pleurons aujourd'hui avec vous comme l'un de nos plus chers enfants. »

L'éloge est mérité : pendant cette première année de Petit-Séminaire, Jean avait su obéir et aimer.

III

AVRANCHES

CHAPITRE VI

Départ d'Orgeville. L'Institut Notre-Dame.

Une quinzaine de jours avant la fin de l'année scolaire, le vendredi 27 juin 1924, Jean eut le grand bonheur de recevoir la Confirmation des mains de Sa Grandeur Mgr Chauvin. Il savait l'importance de ce sacrement et il s'y prépara avec ferveur. Il voulait que le Saint-Esprit prît pleinement possession de tout son être : de son intelligence, pour la pénétrer d'une foi de plus en plus vive, — de son cœur, pour y détruire les défauts de la nature et y développer les vertus sacerdotales, — de sa volonté, pour la rendre plus énergique dans l'accomplissement du devoir. Ce fut un jour de joies profondes et, après la cérémonie, sa figure radieuse disait à ses condisciples le bonheur qui inondait son âme.

C'est en cette circonstance, avons-nous dit, qu'il précisa son second prénom de François en ajoutant Xavier. Il mettait ainsi son futur ministère, — car cet enfant pensait souvent aux âmes dont il aurait un jour la charge, s'il plaisait à Dieu de faire de lui son prêtre, — sous la protection de l'Apôtre des Indes : il lui demandait d'imiter son zèle pour le salut des âmes et peut-être aussi de se faire missionnaire près des peuples infidèles. Mais, s'il y avait d'abord dans ce geste une intention d'apostolat, il y avait aussi une marque d'attachement pour son directeur, M. l'Abbé Xavier Le Feunteun. Jean avait le sentiment que son séjour à Orgeville touchait à sa fin et il aimait tant son Petit-Séminaire qu'il eût voulu resserrer les liens qui l'y rattachaient au point de les rendre indestructibles.

Depuis huit mois sa famille avait quitté l'Eure pour s'établir définitivement dans la Manche. M. Houi, dont la guerre avait affaibli la santé, ne pouvait plus continuer son commerce et il avait dû se retirer des affaires. Un ami lui signala une petite propriété à vendre aux portes d'Avranches. Il l'acheta. Aux vacances du jour de l'an déjà Jean avait dû, pour retrouver les siens, accomplir le long trajet de 300 kilomètres qui sépare Orgeville d'Avranches.

C'est à ces vacances de janvier 1924 qu'il était entré pour la première fois en relations avec le clergé de la Basilique Saint-Gervais, sa paroisse.

« Un soir je me rendais à l'église, raconte M. l'Abbé Méquin ; un enfant, inconnu de nom et de physionomie, m'aborde avec aisance et en même temps avec grand respect : Je suis élève du Petit-Séminaire d'Orgeville ; mes parents habitent la Chaussonnière. Je suis allé au presbytère pour voir M. l'Archiprêtre et MM. les vicaires ; je ne vous ai pas rencontré. Je vais faire ma visite au Saint-Sacrement. — Il fut convenu que le lendemain

Jean reviendrait au presbytère. L'entrevue dans la pénombre du portail m'avait laissé une impression de joie ; celle qui eut lieu dans ma chambre me révéla l'âme ardente, sincèrement pieuse et vraiment sacerdotale de cet enfant de onze ans. De la réserve, pas de timidité excessive, une figure ouverte qui inspire confiance et laisse voir la candeur, la limpidité de l'âme ; de la mesure dans les questions, de l'à-propos dans les réponses, déjà du discernement dans les choses (1). »

Dès ces premières entrevues une question s'était naturellement posée. Avranches possède une maison d'enseignement secondaire libre qui abrite de nombreuses vocations et dont le règlement est celui d'un Petit-Séminaire. Les parents de l'enfant étaient fixés à Avranches. Pourquoi rester dans l'Eure, loin de sa famille ? Pourquoi ne pas entrer à l'Institut Notre-Dame pour faire partie du clergé de Coutances ? Une raison très surnaturelle jaillit aussitôt des lèvres de l'enfant : « Monsieur l'Abbé, le diocèse d'Évreux a encore plus besoin de prêtres que celui de Coutances. » Si vive que fût chez lui l'affection de sa famille, si pénible que fût devenue la séparation du fait de l'éloignement, la pensée qu'un diocèse avait plus besoin d'ouvriers évangéliques l'emportait sur les sentiments humains et sur les avantages personnels.

Jean retourna donc à Orgeville pour y achever l'année scolaire. Cependant, à mesure qu'approchaient les

---

(1) *Bulletin de l'Association Saint-Joseph*, juillet 1925, p. 85.

grandes vacances, tout lui disait qu'il ne recommencerait pas une nouvelle année dans la maison qui l'avait accueilli en octobre. L'enfant comprenait combien humainement la décision de ses parents était sage. Mais son cœur était attaché à Orgeville : il y comptait d'excellents amis ; il y avait l'estime et l'affection de ses maîtres ; bref, il connaissait son Petit-Séminaire et l'Institut Notre-Dame c'était encore l'inconnu. Et puis, sincèrement il songeait aux besoins des âmes : ne fallait-il pas rester là où la moisson exigeait plus de travailleurs ? Le problème devenait ainsi un problème de conscience. Il fallut pour le résoudre l'intervention de son directeur.

Toutes ses lettres de la fin de juillet reflètent ses hésitations. A son arrivée à Avranches ses parents lui ont rappelé leur intention de le garder désormais près d'eux. Ses professeurs, mis au courant, ne peuvent que trouver cette intention raisonnable tout en exprimant leurs vifs regrets de perdre un bon élève. Jean n'est pas tranquille. Le 23 juillet il écrit à l'un d'eux : « C'est le cœur gros, les larmes aux yeux, que je vous dis ce mot plein de déchirement : Adieu ! Non ! je ne vous dis qu'au revoir, car le chrétien doit toujours penser au Ciel. Oui, j'ai le cœur gros en vous disant ce mot vilain pour moi, car mon cœur est celui d'un séminariste affectueux et je voudrais bien rester avec les maîtres si bons qui m'ont enseigné pendant ma première année de séminaire... »

Alors M. et Mme Houi prièrent M. l'Abbé Le Feunteun d'intervenir. Celui-ci écrivit : « La décision de vos parents est sage. Voyez-y l'expression de la volonté du Bon Dieu et soumettez-vous généreusement... Vous trouverez à l'Institut la même affection, le même dévouement qu'à Orgeville, si vous y apportez la même ouverture de cœur, la même piété, le même entrain et la même ardeur au travail. » Les hésitations de l'enfant cessèrent : « Papa et maman ont été mercredi avec moi à l'Institut Notre-Dame pour m'y faire inscrire? Comme vous me le dites, c'est la volonté de Dieu ; je dois m'y soumettre, je m'y soumets... J'accepte le sacrifice pour Dieu d'abord, pour votre satisfaction ensuite et pour la joie de mes parents. Je vous assure que je ne mettrai pas moins d'ardeur au travail à l'Institut qu'à Orgeville.»

Rien ne montre mieux la délicatesse de sentiments du petit séminariste que cet attachement aux maîtres qui ont contribué à sa formation pendant sa première année ; rien non plus ne montre mieux le sérieux de sa vocation. Le 6 octobre, dans une rédaction où on lui a demandé d'exprimer et de décrire ses impressions de rentrée, il écrit sous forme de lettre à un ancien condisciple : « Orgeville, c'était pour moi le foyer familial ; mon désir le plus sincère était d'y continuer mes études ; mais le Bon Dieu en a décidé autrement. Mes parents étant maintenant à Avranches, la règle dictée par la Providence et la raison est que je les y suive... Je suis donc entré jeudi à Notre-Dame avec joie : joie d'avoir obéi à Dieu et joie de pouvoir cultiver ma vocation sous la direction de bons professeurs et sous le modèle sacré du Christ, Prêtre éternel. »

Jean entra en effet à l'Institut Notre-Dame le jeudi 2 octobre 1924 et pendant les cinq mois qu'il allait y passer, le Bon Dieu, bénissant le sacrifice qu'il avait accepté, allait le combler de ses grâces et lui ménager une ascension rapide dans les voies de la perfection.

Il s'aperçut tout de suite qu'il était encore dans un Petit-Séminaire. Dès le premier jour il goûta la vie de piété qu'assure et développe le règlement de la maison. Il était particulièrement heureux de se rendre à la chapelle dès la descente du dortoir : la première heure de sa journée était consacrée à la prière et au saint Sacrifice de la Messe ; sa première visite était pour Jésus, et la Communion son premier exercice. Comme à Orgeville, il y a chaque matin une courte méditation et chaque soir une lecture spirituelle. Déjà les petits séminaristes d'Avranches, avec lesquels, au cours des vacances, il avait lié connaissance, lui avaient dit qu'il trouverait à l'Institut un grand esprit de famille, des camarades qui seraient des frères, des professeurs qui lui seraient tout dévoués. Les horizons d'Orgeville, qui l'avaient enchanté, étaient encore agrandis : l'établissement domine l'immense baie du Mont Saint-Michel et le panorama, qui se déroule sur les trois quarts de l'horizon, est vraiment féerique.

L'accoutumance fut rapide. Peut-être avait-il redouté la société de camarades laïques dans une institution qui admet des enfants ne se destinant pas au sacerdoce. Il s'aperçut que ces condisciples, issus de familles profondément chrétiennes, étaient pour la plupart pieux à l'égal de beaucoup de séminaristes et que, s'ils n'avaient pas entendu l'appel divin, ils avaient pourtant à cœur d'être des modèles et des apôtres dans notre société. Sans doute il conçut le dessein de faire lui-même au milieu d'eux de l'apostolat pour les confirmer dans leurs projets ; et, qui sait? ne rêva-t-il pas d'en attirer quelques-uns vers le sacerdoce? Gagner un prêtre à la sainte Église, quelle perspective pour cet enfant qui avait en telle estime le sacerdoce et brûlait d'un si vif désir de voir se multiplier les vocations !

Quand il eut aperçu le vaste champ où déployer son zèle, il rendit grâces à la Providence de la décision prise par ses parents ; sans oublier ses professeurs ni ses condisciples d'Orgeville, il s'attacha de tout son cœur à l'Institut Notre-Dame. Dès la première sortie ses parents furent étonnés de l'affection qu'il avait pour ses nouveaux maîtres et ses nouveaux condisciples. Il s'en ouvre du reste à son ancien directeur d'Orgeville et celui-ci à la date du 16 octobre lui répond : « Je suis heureux des bonnes nouvelles que vous me donnez de vos débuts à l'Institut. Continuez les efforts commencés ici pour vaincre vos défauts ; comptez sur la grâce de Dieu et soyez généreux au service de Notre-Seigneur qui vous a beaucoup aimé. »

CHAPITRE VII

Les Notes de Retraite

Etre généreux au service de Notre-Seigneur », ce fut sa grande résolution de retraite. Le Bon Dieu a permis que cet enfant de onze ans consigne par écrit une partie de ses réflexions personnelles et les pensées qui l'avaient le plus frappé dans les instructions qu'il entendit. Rien n'est émouvant comme la lecture de ces notes écrites au crayon et signées toutes du titre qu'il affectionnait par-dessus tout : « Jean Houi, Petit Séminariste. »

On nous pardonnera d'en citer de larges extraits. Nous nous sommes efforcé, par des faits et des témoignages, de décrire cette âme d'enfant très attachante. C'est lui qui va nous ouvrir les trésors cachés que la grâce divine a déposés en son cœur.

Voici d'abord ses notes sur le Sacerdoce. Il est facile de faire le départ des pensées recueillies dans les sermons ou les livres et des sentiments intimes jaillis du fond de son âme. Mais les pensées recueillies sont elles-mêmes révélatrices de ses préoccupations intimes et de ses sentiments profonds. Combien d'enfants et de jeunes gens ont entendu les mêmes instructions, fait des lectures idèntiques, sans éprouver les mêmes impressions, ni retenir les mêmes vérités, ni profiter des mêmes grâces.

Une première page est intitulée :

La Vocation. Le Prêtre.

Le prêtre! Oh! qu'il est grand, qu'il est beau, le prêtre! Le mot prêtre vient du grec «Presbutès» qui signifie vieillard. En effet, autrefois on choisissait les prêtres parmi les vieillards; on ne voulait donc pas confier le Corps, le Sang, la Divinité du Christ à n'importe qui.

Oh! la belle vocation par laquelle on a le pouvoir de porter le Christ dans ses mains! Oh! que c'est grand d'être prêtre, de prêcher la parole de Dieu, de nourrir et d'évangéliser les âmes!

Qui peut être prêtre? Celui que Jésus appelle, celui à qui Il a dit: « Viens, mon enfant; sois mon prêtre, et, comme moi, rends grâces à mon Père de la confiance que je te témoigne. »

Qu'il est grand l'honneur qui est fait au prêtre: faire venir Jésus avec son corps, son sang, son âme et sa divinité; le Dieu vivant, le Créateur, la Trinité tout entière.

Oh! que je voudrais être prêtre! Combien mon cœur aime le prêtre!

O mon Jésus, permettez-moi de vivre jusqu'à ce que j'aie pu vous tenir au moins une fois dans mes mains, qui seront alors bénies et consacrées à Vous! Offrir au moins une fois le saint Sacrifice! O mon Jésus, je vous en prie et je vous en conjure, accordez-moi cette grâce par l'intercession de la bonne Vierge Marie, notre sainte et immaculée Mère. Mais, si ce n'est pas votre volonté sainte, qu'elle soit par moi obéie et respectée! — et, en attendant, je vous consacre ma personne, tout moi-même, en attendant d'être prêtre; — ou, si là n'est pas votre volonté, que je Vous possède éternellement dans le Ciel!

Qu'il est heureux le prêtre! Il vous offre à Dieu, notre Père, pour le salut des âmes; il va à travers les continents, évangélise les contrées, baptise les convertis. O mon Dieu, faites qu'un jour je vous entende me dire: « Tu es mon prêtre pour l'éternité, je t'ai choisi, je te veux, je t'aime et sur ta tête pèsera la responsabilité de l'état des âmes que je te confierai; je t'ai choisi, je t'aime afin que, comme saint Jean, tu reposes sur mon cœur, afin que je te bénisse. O mon Jean, il me faut des prêtres, de saints prêtres; viens et suis-moi.

N'est-elle pas touchante cette prière ardente de l'enfant qui demande à vivre jusqu'à ce qu'il ait pu offrir au moins une fois le saint Sacrifice de la Messe, mais qui prévoyant pourtant que la Providence pourrait disposer d'autre façon les événements, accepte dans une affectueuse soumission la Volonté divine quelle qu'elle soit, fait son sacrifice, et demande en retour l'union éternelle avec Jésus au ciel? En relisant sur sa tombe si prématurément ouverte ces lignes admirables, serait-il possible de douter qu'au seuil du paradis, Jésus ait accueilli à bras ouverts le séminariste généreux qui lui exprimait les sentiments d'un si pur amour?

Une seconde page a pour titre :

Le Prêtre : ce qu'il est.

Le prêtre est un homme qui ne s'appartient plus, mais à Dieu et aux âmes qu'Il lui a confiées. *S'il porte un vêtement qui le distingue des autres, c'est afin qu'en le voyant on comprenne qu'il n'est plus de ce monde et afin qu'on aille plus facilement à lui.*

Il faut que je sois sans péché, que je sois l'enfant de Dieu, et je prends les résolutions de :

1° *ne jamais manquer à mes devoirs de séminariste, afin d'être un jour le prêtre et l'apôtre du Christ ;*

2° *d'obéir au règlement en tout et pour tout ;*

3° *de garder une tendre dévotion envers le Sacré Cœur de Jésus, la sainte Vierge et saint Jean.*

Depuis le jour de sa première communion privée, devenir prêtre était sa pensée maîtresse, on pourrait dire sa raison de vivre, et tout dans sa vie était orienté vers ce but. Nous avons vu combien il y pensait dans sa famille à Beaumont-le-Roger. Au Petit-Séminaire d'Orgeville, comme du reste au cours des vacances, c'était le thème favori de ses conversations et de ses lettres. Les témoignages de ses condisciples sont unanimes sur ce point : « Je me souviens que l'objet principal de ses causeries était de parler du sacerdoce. » « Il me donnait beaucoup de renseignements sur la vie du prêtre. » « Il me disait dans une de ses lettres que son plus grand bonheur serait d'être prêtre, afin de tenir Jésus-Christ dans ses mains, de l'offrir à Dieu, de Le donner aux fidèles, de Le porter solennellement en procession au jour de la Fête Dieu. Il m'écrivait des lettres de quatre grandes pages pleines d'amour et d'ardeur pour le sacerdoce. » « Qu'il est beau ce ministère, écrivait-il à l'un de ses maîtres d'Orgeville à l'occasion de ses noces d'argent sacerdotales; qu'elle est belle cette vocation d'aller à la chasse aux âmes pour les ramener à Dieu leur Créateur, à Jésus leur modèle, à l'Esprit-Saint leur consolateur. Je vous souhaite de pouvoir renouveler vos vingt-cinq ans de sacerdoce. »

Aussi il n'est pas étonnant que ce thème ait été le principal sujet de ses réflexions pendant la retraite lors de son entrée à l'Institut Notre-Dame ; et tout naturellement, avec ce thème, celui de l'amour de Dieu et en particulier de l'amour de Jésus : Dieu nous aime : nous devons aimer Dieu ; Jésus nous aime : nous devons aimer Jésus.

Le Mystère d'amour.

Dieu n'est qu'amour, a dit saint Jean; en effet, dans tous ses actes la bonté domine. Il a créé la terre et l'homme, roi de la création: là est l'amour. Il a créé les anges: là est l'amour. Il a créé un ciel: là est l'amour. Il a créé un enfer: là même est l'amour. Il a envoyé son Fils pour les pécheurs : là est l'amour. Ce Fils s'est humilié : là est l'amour. Il s'est immolé : là est l'amour. Il a fondé l'Église : là est l'amour. Il a institué l'Eucharistie : là est l'amour. Il a envoyé le Saint-Esprit aux apôtres : là est l'amour. Il a soutenu et soutiendra son Église : là est l'amour. Il a créé les sacrements : là est l'amour. Dans tous ses actes Dieu n'est qu'amour, bonté, miséricorde.

Les deux actes où l'amour surtout domine sont la vie de Jésus et la divine Eucharistie.

Pourquoi Jésus s'est-il humilié jusqu'à venir parmi les hommes pécheurs? Pourquoi s'est-il offert à son Père en sacrifice sur la croix? Parce que l'amour de Dieu est sans bornes. Il aurait pu abandonner les pécheurs à leur corruption et à leurs vices; mais, dans sa miséricorde, Il a voulu les sauver et Il leur a envoyé son propre Fils, Jésus-Christ... Oh! que Dieu est grand! qu'Il est bon! qu'Il est miséricordieux!

Et Jésus a voulu rester parmi nous, afin de nous soulager, de nous sanctifier. Pour s'unir plus intimement à nous, pécheurs, Il a permis que nous fassions de Lui notre nourriture. C'est pourquoi Il s'est caché sous les espèces vulgaires et communes du pain et du vin. Il s'est humilié et Il s'humilie encore chaque jour à la sainte messe. Il renaît pour ainsi dire et de nouveau Il est cloué sur la croix. Il est là sur l'autel et Il s'offre encore à son Père pour le salut des âmes, pour les pécheurs. Et Il dit encore à son Père : Mon Père, pardonnez-leur , ils ne savent ce qu'ils font.

Jésus est donc là, à la chapelle, tout près de nous, et particulièrement au cours de la retraite où Il frappe à la porte de notre cœur.

Qui est là ? — Jésus.

Oui, Jésus est là; Il est notre Sauveur, celui dont nos lèvres d'enfant balbutièrent le nom avec bonheur sans le comprendre encore... Celui dont le nom faisait battre notre cœur, quand on nous disait que nous allions Le recevoir pour la première fois... N'est-ce pas ce nom sacré qui a fait vibrer les plus suaves cordes de notre âme aux jours de notre enfance? N'a-t-il pas été le plus souvent la cause de nos joies? N'est-ce pas vers Lui que le cœur chaste se sent attiré? N'est-il pas l'objet de notre amour?

Dans un transport d'amour, ô mon âme, adore le Sauveur Jésus, Lui, mon amour, mon roi, ma vie!

Qui peut Lui rendre son amour? — Personne. On dira peut-être: les saints martyrs! — Non, car Jésus a donné sa vie pour de viles créatures, pour des pécheurs; un Dieu s'est humilié jusqu'à se mettre au rang le plus bas des sociétés humaines! Tandis que le martyr donne sa vie pour Celui qu'il aime, pour son Dieu, et ne s'humilie pas au point dont a été capable l'amour du Christ. Quand même nous aurions été déchirés cent fois par la dent cruelle du lion ou de l'hyène, cent fois brûlés; quand même on nous aurait cent fois jetés dans l'huile bouillante pour l'amour de Jésus, jamais nous ne pourrons égaler l'amour divin du Cœur de Jésus sur la croix.

Travaillons donc chaque jour à la plus grande gloire de Dieu, afin d'essayer du moins, — puisque, pauvres créatures, nous ne pouvons faire plus, — de Lui prouver notre amour. Essayons de Lui prouver notre amour sur-

tout près du saint Tabernacle, car c'est surtout par l'Eucharistie qu'Il nous a aimés et qu'Il nous aime, dans l'Eucharistie qu'Il aime le plus être adoré.

QUELS SONT NOS DEVOIRS ENVERS LUI?

Soit que vous mangiez, soit que vous buviez, soit que vous fassiez toute autre chose, faites tout pour la gloire de Dieu.

Le but de notre vie doit être la gloire de Dieu. Il nous a créés pour Lui, pour sa gloire, et donc pour que nous méritions la gloire éternelle, le ciel. Qu'elle est grande la perte du ciel pour une âme! L'intelligence humaine est trop petite et trop débile pour le comprendre.

Il faut travailler à la gloire de Dieu. Si nous cherchions à utiliser notre vie dans les plaisirs passagers et défendus, nous serions à notre mort précipités en enfer!

Il faut utiliser tous *les jours de notre vie; car la vie est bien plus courte que nous ne le pensons; elle peut finir d'un moment à l'autre.*

Comment l'utiliser pour la gloire de Dieu? En ne péchant pas; ou, du moins, puisque nous sommes trop faibles pour ne pas pécher, en essayant de pécher le moins possible. Alors nous pourrons être fiers de notre titre d'enfants de Dieu.

Ils seront heureux, ceux-là qui auront travaillé à la gloire de Dieu; car ils deviendront les bien-aimés du Christ.

Dieu nous a créés pour Lui et non pour les futilités pas-

sagères du monde. Travaillons donc chaque jour à la gloire de Dieu et nous pourrons tenir la tête haute en qualité de soldats du Christ.

Pour accomplir cette tâche, imitons la piété du Christ:

La piété du Christ.

Tâchons d'imaginer ce spectacle à la fois saint, céleste et sublime: l'Enfant Jésus en prière. Quel modèle: ses petites mains jointes, ses yeux levés avec supplication et soumission vers son Père céleste; ses lèvres remuent lentement, son front est éclairé d'un rayon de lumière sur les jeunes boucles que forment ses cheveux blonds; son cœur bat paisiblement; tous les Anges sont là, recueillant chacune de ses saintes paroles. C'est ainsi qu'Il prie dans l'humble maison de Nazareth, au temple de Jérusalem ou à travers les campagnes de la Galilée. Toute la vie du Christ ne fut qu'une prière continuelle. Il aimait la solitude, le silence, le recueillement.

Parvenu à l'âge de 30 ou 33 ans, après avoir prêché pendant toute la journée, Il passait ses nuits à prier, à adorer son Père céleste, pieusement, à la clarté des étoiles. Une fois Il emmena avec Lui trois de ses apôtres: Pierre, Jacques et Jean; et, devant eux, Il se laissa transfigurer par la prière: son visage devint brillant comme le soleil, ses vêtements blancs comme la neige fraîchement tombée!

A la montagne des Oliviers aussi comme sa prière est ardente!

A toutes les époques de sa vie Il est notre modèle pour prier. Nul n'est son disciple sans imiter sa piété. La piété, la vraie piété, celle de Jésus, consiste, non pas à répéter chaque jour cinq cents prières, comme si on était actionné par une machine, mais à prier régulièrement en se donnant, en se consacrant entièrement à Dieu *et en disant comme le jeune Samuel : Parlez, Seigneur ; votre serviteur écoute.*

Le plus beau modèle que nous puissions avoir sous les yeux, c'est le Christ, qui n'a jamais prié pour Lui seul, mais pour tous les hommes.

Ces notes nous révèlent la préoccupation dominante de la retraite : être pleinement séminariste ; l'être de toute son âme ; marcher vers le sacerdoce avec le sentiment de ses sublimes grandeurs, la conception de plus en plus nette de ses responsabilités et des vertus qu'il exige ; marcher vers le sacerdoce les yeux fixés sur le prêtre par excellence, Notre-Seigneur Jésus-Christ, dont il s'agit d'imiter le zèle pour la gloire de Dieu et le salut des âmes, dont il s'agit de reproduire la sainteté en pratiquant la vraie piété, celle qui consiste dans l'abnégation et le don de soi.

Et qu'on ne voie pas dans ces pages l'expression inconsidérée d'une ferveur passagère et d'un enthousiasme momentané. Des réflexions de la retraite et des méditations des semaines suivantes, est sorti un règlement particulier que nous recommandons d'une manière toute spéciale aux petits séminaristes, en les suppliant d'en méditer lentement tous les articles. Il a été rédigé par l'enfant tout seul et son directeur ne l'a connu qu'une fois achevé. Mieux que les citations précédentes, il montre quel profit Jean savait tirer des avis qui lui étaient donnés, des instructions qu'il entendait et des lectures pieuses qu'il faisait. M. le Supérieur de l'Institut avait remarqué que c'était aux méditations du matin l'un de ses auditeurs les plus attentifs : « Extrêmement ouvert à toute pensée de foi, cet angélique enfant avait comme l'instinct du surnaturel ! Avec quel soin il suivait les considérations même abstraites que la méditation de chaque jour mettait à sa disposition ! Je sentais qu'il les goûtait et ses confidences ont montré qu'avec un discernement remarquable il retenait le mot typique, le passage essentiel, pour en faire la nourriture de son âme, le pain quotidien de sa vie. Vraisemblablement, dans son court passage chez nous, il n'a rien laissé tomber de ce qu'il pouvait saisir des lumières du Ciel et des grâces du Bon Dieu. »

Le règlement qu'on va lire confirme ce témoignage. Il nous apporte la preuve que l'enfant a trouvé le moyen d'imprégner tous les actes de sa journée de cet esprit de foi qu'il avait si vif et de cet amour de Dieu qu'il avait si ardent.

RÈGLEMENT DE VIE DU SÉMINARISTE

« Je ferai pour le Bon Dieu l'offrande de ce règlement. »

ARTICLE PREMIER

JE SORTIRAI DE MON LIT AU PREMIER SON DE LA CLOCHE. MA PREMIÈRE PENSÉE SERA DIRIGÉE VERS DIEU. JE M'HABILLERAI PROMPTEMENT ET J'EMPLOIERAI LES DERNIÈRES MINUTES A PRENDRE MES RÉSOLUTIONS POUR PASSER SAINTEMENT LA JOURNÉE, — OU A M'ANIMER PROFONDÉMENT DE L'AMOUR DE MON DIEU ET DE MON BIEN-AIMÉ, — A PENSER DÉJÁ A MA COMMUNION, — OU A MÉDITER SUR LA MORT POUR ÉVITER LE PÉCHÉ GRAVE.

ARTICLE II

J'ASSISTERAI ET JE RÉPONDRAI AVEC UN PROFOND RESPECT DE CŒUR ET D'ESPRIT AUX PRIÈRES DU MATIN ET DU SOIR, ET SURTOUT AUX « VENI SANCTE » ET AUX « SUB TUUM », POUR OFFRIR MON TRAVAIL A JÉSUS, APPRENTI DE NAZARETH, ET A MON DIEU.

ARTICLE III

Pendant les heures d'étude, je ne m'occuperai que de mon travail personnel qui m'aura été prescrit par mes maitres. Je ne me permettrai pas de parler a mon voisin sans permission ; et je ne détournerai mon esprit de mon devoir que pour l'élever vers Dieu par des élévations de cœur vers Lui : ce que je ferai chaque fois que j'entendrai sonner l'heure.

ARTICLE IV

Je prendrai mes récréations avec modération et joie du cœur. Pendant le jeu j'élèverai mon cœur vers Dieu, sans laisser rien paraitre. Et, quand les récréations se feront par mauvais temps, je me promènerai avec les camarades les plus propres a m'édifier et qui m'aiment comme des frères.

ARTICLE V

Je garderai rigoureusement le silence dans tous les défilés et j'y dirai mon chapelet ou lirai un chapitre de l'Imitation. Au réfectoire j'écouterai silencieusement la lecture et je me mortifierai sans laisser rien paraitre.

ARTICLE VI

Je ne causerai jamais en classe ; j'y serai très attentif. J'élèverai de temps en temps mon cœur vers Dieu : ainsi le matin a neuf heures et a dix heures, et le soir a trois heures et a quatre heures.

ARTICLE VII

J'assisterai selon mes moyens les pauvres en me privant et en me mortifiant pour eux et en l'offrant au Bon Dieu.

ARTICLE VIII

J'obéirai toujours a mes maitres ; s'ils me punissent, jamais je ne raisonnerai, même si c'est injuste.

ARTICLE IX

Je me confesserai tous les quinze jours. Je communierai tous les jours : ce sera pour moi un bonheur ineffable, une force, une raison de plus pour être sage et pieux. Je m'y préparerai bien et surtout saintement; car la communion n'est efficace que dans la mesure où elle est sacrifiante.

ARTICLE X

J'IRAI A LA CHAPELLE AVEC RECUEILLEMENT, ME RAPPELANT LA PRÉSENCE DE DIEU DANS LES SAINTS TABERNACLES. JE ME METTRAI PROFONDÉMENT DANS LA PRÉSENCE DE DIEU, ÉCARTANT DE MON ESPRIT LES ATTRACTIONS VAINES ET TERRESTRES, ET JE LES COMBATTRAI AVEC PERSÉVÉRANCE. L'ACTE D'HUMILITÉ DEVRA ÊTRE LE PREMIER QUI S'EMPARERA DE MON CŒUR.

ARTICLE XI

JE NE ME COUCHERAI JAMAIS SANS AVOIR RÉCITÉ DANS LA JOURNÉE UN ROSAIRE (AUX INTENTIONS PARTICULIÈRES). ET, DANS MON LIT, JE REVERRAI EN LA PRÉSENCE DU BON DIEU MA JOURNÉE ET JE LA JUGERAI.

ARTICLE XII

JE GARDERAI JUSQU'A MA MORT UNE TENDRE ET FILIALE DÉVOTION A LA SAINTE VIERGE, AU SACRÉ-CŒUR, ET AUX SAINTS JEAN ET FRANÇOIS-XAVIER.

RÉSUMÉ :

MON LIVRE DE PIÉTÉ SERA TOUJOURS MON MEILLEUR COMPAGNON.

CHAPITRE VIII

L'Amour de Dieu.

Ces lignes, où la pensée est nette et déjà ferme, montrent que l'Esprit-Saint avait accordé à Jean, dès le début de sa seconde année de Petit-Séminaire, la claire intelligence de la vraie piété.

La piété véritable n'est pas faite seulement de prières multipliées. Les prières sont un devoir; parce que nous sommes obligés d'adorer Dieu, de Lui adresser nos actions de grâces, nos expiations et nos requêtes, et aussi parce qu'elles constituent le moyen indispensable d'obtenir les secours surnaturels dont nous avons besoin pour rester fidèles à la pratique de la vertu. Mais, « Ce ne sont pas ceux qui répétent sans cesse : Seigneur, Seigneur ! qui entreront dans le Royaume des Cieux, disait Jésus à ses disciples ; c'est celui qui accomplira la volonté de mon Père. » Et l'enfant écrit dans son cahier de retraite : « La piété, la vraie piété, consiste, non pas à répéter chaque jour cinq cents prières comme si on était actionné par une machine, mais à prier régulièrement en se donnant, en se consacrant entièrement à Dieu. »

« *Se donner* », « *se donner à Dieu entièrement* », voilà la bonne formule, celle qui exprime tout le fond, toute l'essence de la piété, et voilà l'idéal vers lequel, de toute son âme, avec toute sa volonté, tendra le petit séminariste pendant les quelques mois qu'il lui reste à vivre. Etre pieux, c'est aimer le Bon Dieu ; aimer le Bon Dieu c'est se donner à Lui ; l'aimer de tout son cœur, c'est se donner à Lui sans réserve. Jean allait se donner sans réserve.

Et tout d'abord il comprend que le premier point de ce programme, c'est la fuite du péché. Le péché est toujours une recherche de soi, puisqu'il consiste à préférer son propre plaisir à la volonté de Dieu. Et le péché grave est même une reprise totale de soi, puisqu'il est une rupture radicale avec Dieu. Jean craint par-dessus tout le péché grave. Afin de l'éviter, chaque matin il mettra devant ses yeux l'image de la mort. Lui, l'enfant de onze ans, qui n'est encore qu'à l'aurore de la vie, et à qui les années semblent sourire nombreuses, il pensera tous les jours, dès son réveil, à l'heure redoutable où, vaincu par la mort, il lui faudra subir le jugement de Dieu, rendre compte des grâces reçues et des talents confiés. Il a confiance que cette méditation sévère contribuera à maintenir en son cœur l'horreur du péché mortel ; car, il veut, il veut d'une volonté inébranlable, conserver pour le jour de son sacerdoce et de sa première messe l'innocence de son Baptême.

La prière suivante qu'il avait composée et qu'il aimait à réciter, nous dit ses sentiments à ce sujet.

O mon Dieu, qui vous êtes humilié jusqu'à prendre notre nature humaine, — et qui avez, comme moi, grandi et travaillé, — et qui êtes mort pour moi, — faites que je haïsse le péché ainsi que l'état mortel de l'âme qui est tombée dans le profond abîme du péché ; envoyez-moi, ô mon Dieu, ces chevaux de renfort qui sont la volonté, la force morale et la piété, qui me conduiront moyennant votre sainte grâce jusqu'au sommet du sentier du mont de la vie sacerdotale.

O Marie, ô ma mère, ma protectrice, tenez-moi par la main, afin que je ne tombe pas dans l'abîme du péché et que j'arrive au sommet de la vie sacerdotale. Saint Joseph, aidez-moi.

Le péché véniel délibéré était évité avec la même vigilance que le péché mortel. Cette jeune âme était trop généreuse pour supporter un instant la pensée de faire volontairement de la peine à son Jésus. S'il lui arrivait de commettre quelque négligence dans ses devoirs ou ses leçons, s'il lui échappait un mouvement d'impatience ou quelque saillie d'amour-propre, il disait comme à Orgeville : « Je vous assure, Monsieur l'Abbé, que je fais pourtant tout ce que je peux pour me corriger ! » Et c'était vrai. Ses examens de conscience écrits, les feuilles toute préparées que l'on a trouvées dans son sous-main après sa mort, montrent avec quel soin minutieux il scrutait chaque jour les moindres replis de sa conscience, avec quel zèle il travaillait à la correction de ses défauts.

Quant aux fautes de fragilité, aux péchés véniels plus

ou moins consentis et avoués, à ces mille imperfections qui échappent à la faiblesse humaine, même chez les âmes les plus attentives, il les déplorait, s'en humiliait et, à l'exemple de sainte Thérèse de l'Enfant Jésus, priait Notre-Seigneur de l'en débarrasser « en les consumant comme le feu qui transforme toutes choses en lui-même ». Il se consolait aussi à la pensée que nos bonnes œuvres, nos actes d'amour de Dieu surtout, effacent aisément ces petites taches de chaque jour. Il n'en veillait pas moins de toutes ses forces à les éviter : « Puisque nous ne pouvons pas ne pas pécher, écrit-il dans son cahier de retraite, essayons du moins de pécher le moins possible. »

Cette lutte contre le péché entraînait naturellement une grande vigilance dans l'accomplissement du devoir d'état et dans la pratique des vertus chrétiennes. Mais l'enfant ne distinguait pas entre ce qui est rigoureusement obligatoire et ce qui est de simple conseil. Le don qu'il faisait de lui-même, il le voulait complet, et il entendait bien faire de son mieux tout son travail quotidien, obéir aux moindres ordres de ses maîtres, se soumettre à toutes les exigences du règlement de la maison. Comme à Orgeville, et plus parfaitement encore à mesure que les semaines succédaient aux semaines, ses condisciples le voyaient appliqué à l'étude, attentif en classe, recueilli dans les couloirs, où, tenant sa promesse, il égrenait d'ordinaire son chapelet ; enfin, très joyeux en récréation et pendant les promenades, où il jouait avec entrain.

Ce qu'ils remarquaient moins sans doute, c'étaient ses mortifications : il les cachait habilement. Un jour de fête on avait servi une omelette toute dorée qui lui avait paru bien appétissante ; mais le partage avait été mal fait ; et lui, se servant le dernier, ne reçut plus qu'un plat vide. La plupart des pensionnaires eussent en pareil cas réclamé la portion à laquelle ils ont droit. Jean accepta l'occasion de combattre son penchant à la gourmandise et le trait fût resté ignoré à jamais, si, quelques jours plus tard, parlant à ses parents du menu de la fête, il n'avait par mégarde répondu à sa mère qui lui demandait si l'omelette était bonne : « Je ne saurais vous dire, maman, car il ne m'en est pas resté ! » A peine cet aveu était-il sorti de ses lèvres qu'il se prit à rougir et qu'il ajouta, comme pour diminuer le mérite de sa privation : « Au surplus, je n'en avais pas besoin, car j'ai fort bien mangé sans cela ! »

Etre penché sur ses livres de six heures du matin à huit heures du soir ; quitter l'étude du latin pour prendre celle du grec ; fermer une grammaire pour ouvrir un traité d'arithmétique ; et parfois n'obtenir que des succès médiocres alors qu'on a donné son maximum d'application et de bonne volonté ; réprimer à chaque instant le désir qu'on peut avoir d'échanger ses impressions avec son voisin ; être soumis aux mille prescriptions d'un règlement qui emprisonne tout le détail des actes journaliers, — et cela, non pas un jour, mais des semaines et des mois, tout au long de l'année scolaire, — que de mortifications pour un enfant, et quelle source inépuisable de mérites surnaturels, si, au moins d'ordinaire, il les accepte chrétiennement pour l'amour de Dieu !

Il y a encore dans la vie de collège une autre source de sacrifices : c'est la diversité des caractères, l'opposition des tendances et des goûts, les différences d'éducation apportées de la famille, le jeu des sympathies et des antipathies naturelles. C'est pour l'amour-propre une ample matière à renoncements perpétuels. Saint Bernard ne disait-il pas que « sa plus grande peine était la vie en communauté? » Les natures délicates en souffrent plus vivement. L'enfant était de celles-là ; et même, quand il avait pour la première fois quitté sa famille, on avait redouté les effets de la vie de pension sur sa sensibilité. C'était à tort ; si, dans les premiers jours d'Orgeville, les mesquines taquineries provoquaient parfois chez lui de violentes colères, il avait vite compris tout le parti que l'on peut tirer de ces petits froissements de chaque jour pour la formation de son caractère et les progrès dans l'amour de Dieu. Il s'habituait à être patient, doux et bon ; à la fin de sa vie, nous le verrons, la pratique de la bonté rentrait dans son programme d'apostolat.

Une vertu qui lui coûtait aussi de constants efforts, mais à laquelle il s'adonnait de toutes ses forces, c'était l'humilité. Il y a des formes écolières de l'orgueil que connaissent bien tous les éducateurs. A côté des plus grossières comme la jalousie des succès des autres, la vanité des avantages personnels et la vantardise, il en est de plus subtiles auxquelles sont spécialement exposés les meilleurs élèves, ceux qui ont la légitime ambition d'accomplir tout leur devoir : par exemple, la crainte exagérée des observations et des réprimandes, et le découragement si d'aventure elles surviennent ; ou, à l'inverse, la recherche avide des compliments et de l'estime des maîtres.

Jean n'avait pas grand peine à se garder des premières. Il ne lui en coûtait pas de pratiquer la plus loyale émulation et d'applaudir aux succès de ses concurrents : volontiers il les félicitait d'avoir gagné sur lui quelques points ; quand c'était lui au contraire qui l'avait emporté, il leur disait amicalement : « Tu seras plus heureux la prochaine fois.» Il ne songeait pas davantage à se faire valoir. Fidèle au précepte de ne jamais parler de soi il n'eût pas pensé à tirer vanité de ses dons intellectuels ou de la situation de sa famille. Son professeur ayant donné un jour comme sujet de composition française la description de la maison natale, l'enfant peint « une pauvre maison au toit de chaume, aux murs grossièrement bâtis, avec une vieille porte en bois de chêne ». Elle n'a qu'une seule pièce au rez-de-chaussée qui n'est meublée que de vieilles chaises et sert à la fois de cuisine et de salle à manger. Le dîner est frugal : de la soupe et du fromage. Pourtant cette maison est chère à son cœur, « non parce qu'elle est un château, mais parce qu'elle est simple ». Alors que d'autres eussent embelli la réalité, lui l'avait singulièrement appauvrie.

Il était plus sensible aux observations et aux réprimandes, car il tenait beaucoup à l'estime de ses maîtres. C'est sur ce point qu'il avait entrepris de surveiller son amour-propre et de le dompter. Son premier mouvement, quand on lui faisait une remarque un peu sévère, laissait deviner une révolte profonde ; mais sa volonté la dominait aussitôt. C'est pour obtenir une victoire définitive qu'il avait écrit l'article VIII de son règlement particulier : « J'obéirai toujours à mes maîtres; s'ils me punissent, jamais je ne raisonnerai, même si c'est injuste. » Il n'est pas difficile d'apercevoir ce qu'une telle résolution comporte de sacrifices. Sainte Thérèse de l'Enfant Jésus avoue que le point de la Règle du Carmel qui avait le plus mortifié son amour-propre c'était l'obligation de ne jamais s'excuser, même après une imputation sans fondement ou un reproche immérité.

Pourtant, cette résolution, l'enfant la tenait. Durant les cinq mois de son séjour à l'Institut, il avait fait dans la vertu d'humilité de sérieux progrès. Qu'on en juge par le trait suivant. Un samedi en donnant les notes, M. le Supérieur constata un simple témoignage de satisfaction Assez Bien. Ce qui eût été acceptable pour d'autres élèves ne parut pas l'être pour Jean et M. le Supérieur, ignorant encore que l'enfant avait des maux de tête, lui dit simplement que ses notes étaient faibles et qu'il fallait arriver à de meilleurs résultats. Aussitôt les larmes jaillissent et coulent abondantes. « C'était si simple, si soumis et tout ensemble si attristé, ajoutait M. le Supérieur en contant la chose, que je devinai bien que le pauvre petit n'avait pas commis la moindre négligence et qu'il y avait à cet insuccès des raisons ignorées de moi. Je ne quittai pas la classe sans avoir atténué, corrigé ma remarque et ramené ainsi la sérénité dans l'âme et sur les traits du cher petit élève. Dans la suite, quand les maux de tête amenaient des notes faibles, sachant son impuissance, je me gardais d'insister. Je savais qu'il en souffrait le premier et que sa souffrance était acceptée et bénie de Dieu. »

Quelque temps en effet après cette aventure, Jean s'était décidé à prévenir M. le Supérieur de l'état de sa santé. Il était arrivé tout en larmes : « Monsieur le Supérieur, j'ai de mauvaises notes de sciences ; je fais pourtant tout mon possible ; mais je suis en retard et, quand je travaille trop, j'éprouve de violents maux de tête. — Mon enfant, je suis bien sûr que si vous faites tout votre possible, votre professeur ne vous mettra pas de mauvaises notes. — Mais, il ne peut pas savoir si je fais tout mon possible. — Eh bien, il faut le lui dire ; vous êtes un bon élève ; il vous croira. » L'enfant se mit à sourire : « C'est vrai ; je le lui dirai. » M. le Supérieur ajouta : « D'ailleurs, mon petit Jean, s'il plaisait au Bon Dieu que vous ne réussissiez pas ; il faudrait accepter ce sacrifice, consentir à être humilié et porter votre petite croix... Voulez-vous? » Et l'enfant sécha ses larmes, s'épanouit tout à fait : « Oui, Monsieur le Supérieur, je veux bien. »

Ainsi, il en avait pris son parti. Dès qu'il était sûr d'avoir fait son possible et pouvait se dire : « Le Bon Dieu est content, » il était content lui aussi et son âme ne se troublait plus.

Jean Houi avait donc saisi l'économie de la vie chrétienne. Pour devenir un saint, il n'est point nécessaire d'accomplir des actes extraordinaires. Il suffit de faire de son mieux et dans le but de plaire à Dieu ce qu'on doit faire. Il connaissait l'histoire de saint Louis de Gonzague et de saint Jean Berchmans, qui se sont élevés au sommet de la perfection en vivant simplement d'une vie d'écolier dont ils remplissaient les obligations d'une manière parfaite. Les maîtres de la vie spirituelle ont souvent observé que cette vie d'obéissance est un martyre continuel dont les mérites peuvent égaler et surpasser l'autre martyre, celui qui consiste à verser son sang tout d'un coup pour l'amour de Dieu.

Mais, il faut que ces sacrifices soient acceptés et offerts vraiment pour l'amour de Dieu. Ici, *c'est la qualité, la pureté de l'intention qui fait le mérite de l'action.* Jean s'en souvenait : il veillait à purifier de plus en plus ses intentions. C'était chez lui une préoccupation constante de tout rapporter à Notre-Seigneur. S'il n'était pas indifférent, comme nous l'avons remarqué, aux compliments et aux récompenses, il les recherchait moins pour la satisfaction qu'il y trouvait lui-même que pour la joie qu'en avaient ses parents et ses maîtres. En premier lieu, il les voulait pour le Bon Dieu qu'avant toutes choses il entendait servir et aimer.

Sans doute il avait soin dès son réveil, comme le porte son règlement particulier, de « diriger sa première pensée vers Dieu », de Lui offrir alors d'une manière générale le contenu de sa journée ; mais il voulait que cette offrande fût par la suite souvent renouvelée. Les *Veni Sancte Spiritus*, les *Sub Tuum*, et « ses élévations de cœur vers Dieu quand il entendait sonner l'heure » en étaient les occasions propices. Vers la fin de sa vie surtout, il vivait plus constamment encore dans le sentiment de la présence de Dieu. Volontiers nous dirions qu'il ne Le perdait pas de vue, non pas en ce sens qu'il y pensât toujours expressément ; — ce n'est ni souhaitable ni possible dans une vie où l'étude est l'occupation principale ; — mais en ce sens qu'il ne commençait pas un devoir, n'apprenait pas une leçon sans les offrir à Dieu. Et, quand, au cours du devoir ou de la leçon, survenait une distraction, tout de suite son esprit s'élevait vers Notre-Seigneur pour Lui redire dans un élan rapide : « Mon Dieu, je Vous aime ! » Comme les arbustes qu'on tient un instant courbés vers la terre se redressent dès que se relâche la force qui les ploie, ainsi son esprit penché sur les livres par la fidélité au devoir se relevait de lui-même vers le Ciel dès que l'application se relâchait un instant.

Il avait du reste des moyens ingénieux de se rappeler la pensée de Dieu : son sous-main contenait plusieurs images encadrées, une de Notre-Seigneur sur la Croix, une de la Très Sainte Vierge et une de saint Joseph. Le cadre, en simple papier plié, lui permettait de les faire tenir devant lui comme un minuscule pupitre, et il les avait tour à tour sous les yeux en rédigeant ses devoirs ou en apprenant ses leçons. Il y avait aussi la petite statue de Notre-Dame de la Garde avec laquelle il dormait et qui ne le quittait jamais.

Ainsi l'enfant était-il toujours *en état de prière.* Ses actions constituaient bien depuis le matin jusqu'au soir « un hommage à Dieu », « une élévation de son cœur vers la Majesté infinie », « une reconnaissance des droits souverains », ou, comme disent encore les maîtres de la vie spirituelle, « le geste filial de la créature qui offre tout à son Créateur et à son Père ».

Nul doute que, s'il eût vécu, ce petit séminariste ne fût arrivé, par une correspondance si fidèle aux grâces divines, à purifier entièrement toutes ses intentions, à ne chercher en tout que Dieu seul, et, de la sorte, à donner à ses moindres actions « le maximum de perfection surnaturelle » possible à l'homme. Il tendait en tout cas vers cet idéal de toutes les forces de sa volonté et... n'est-ce pas l'amour tel que Dieu nous le demande?

CHAPITRE IX

La pensée du Sacerdoce et l'Eucharistie.

Au verso d'une image représentant la Sainte Famille réunie dans l'atelier de Nazareth et qui porte en exergue ces paroles du Curé d'Ars : « Tout sous les yeux de Dieu, tout avec Dieu, tout pour plaire à Dieu », Jean Houi avait écrit une prière dont voici les idées essentielles : « Que le Bon Dieu nous fasse la grâce d'être un jour revêtus de ses pouvoirs sublimes et d'amener les foules à la foi de Jésus, comme le firent autrefois les Apôtres, afin que le monde converti par notre zèle soit introduit dans la Jérusalem céleste... Oh ! tâche ineffable ! Quand donc, pour y travailler, posséderai-je dans mes mains consacrées le Corps, le sang, l'âme, la divinité de mon Bien-Aimé ? »

Cette image qui porte d'un côté la formule du parfait amour et de l'autre un souhait pour le salut des âmes, avec une ardente aspiration vers le sacerdoce, nous montre la grande pensée qui soutenait l'enfant dans sa lutte contre le péché et dans sa recherche de la perfection chrétienne : la pensée d'être prêtre et la volonté de n'être pas un prêtre quelconque, un prêtre médiocre, mais un saint prêtre : « Oh ! que je voudrais être prêtre ! Comme mon cœur aime le prêtre !... Mon Dieu, donnez-moi de vivre jusqu'à ce que j'aie pu Vous tenir au moins une fois dans mes mains !... Faites qu'un jour je Vous entende me dire : Tu es mon prêtre pour l'éternité !... Il me faut des prêtres, de saints prêtres !... » Ces phrases semées partout : dans le cahier de retraite, sur des images, sur les copies de devoirs et parfois sur de tout petits morceaux de papier, expriment le cri d'un cœur pour qui le sacerdoce et le salut des âmes est la constante, l'unique préoccupation.

L'appel entendu au jour lointain de la communion privée n'a pas été oublié. Le souvenir en a été au contraire jalousement entretenu. Nous avons dit avec quelle impatience Jean avait attendu l'heure d'être admis dans un Petit-Séminaire, comment il s'était donné sans réserve à sa formation pendant l'année scolaire à Orgeville. A mesure que les jours passaient et que s'approchait l'éternité, il multipliait ses efforts pour aimer davantage le Bon Dieu, et, à mesure, le désir d'être prêtre se faisait plus pressant, tour à tour avivant la ferveur et avivé par elle. Cet élu du Seigneur n'était pas de ceux qui hésitent et regardent en arrière après avoir fait un premier pas en avant ; il allait droit au but.

L'Abbé Perreyve voyait dans le sacerdoce, a dit le Père Gratry, « la voie la plus haute, la plus noble, la plus utile et la plus belle que l'homme puisse suivre sur la terre ». Jean s'en faisait la même idée. A son avis il n'y a rien sur la terre au-dessus du prêtre et, à l'occasion, il le déclarait en toute simplicité à ses condisciples.

Aussi la question des vocations l'intéressait-elle plus que toutes les autres. Il eût voulu les voir surgir de toutes parts : « La société a tant besoin de prêtres ! » Avec quelle ferveur il priait à cette intention ! Ses parents ont gardé le souvenir des longues oraisons qu'aux jours de congé il faisait avant de s'endormir en compagnie de son petit frère Robert. Trois quarts d'heure parfois, les deux enfants à genoux au pied du crucifix demandaient instamment à Jésus de multiplier les appels et de donner le courage de la persévérance aux appelés. M. et Mme Houi s'étonnaient qu'un bambin de six ans, d'ordinaire plus distrait, fût avec Jean si recueilli.

La pensée lui était venue aussi d'ajouter la propagande à la prière. Ne fallait-il pas aider l'action des grâces divines? Nous avons déjà dit que sous cet aspect le milieu où il vivait à l'Institut Notre-Dame l'avait rempli de joie : il espérait faire des conquêtes parmi ses condisciples.

On lui avait donné une petite feuille de propagande eucharistique intitulée : « Enfant, voulez-vous être prêtre? » Après un appel où Jésus demande aux enfants de Lui donner leur cœur, il y est expliqué que donner son cœur à Jésus c'est l'aimer beaucoup, l'aimer autant qu'on le peut ; non pas un jour, mais toujours ; et que c'est dès lors être prêt à faire tout ce qu'Il demandera. Devenir prêtre, c'est tenir la place de Jésus à la Messe et opérer

7

le plus grand des miracles : comme c'est beau, comme c'est grand ! C'est aussi prendre Jésus pour le donner aux âmes : comme c'est consolant de donner Jésus aux âmes ! La feuille se termine par des conseils pratiques sur la pureté du cœur et sur l'imitation de Jésus en vue de se préparer au sacerdoce. Ces pensées répondaient aux sentiments intimes de Jean ; la petite feuille fournissait une voix à son cœur : il résolut de la propager.

D'abord il essaya de la polycopier par un procédé assez rudimentaire : il intercalait du papier carbone entre des feuilles blanches et se servait d'un crayon dur. Le moyen était lent ; il ne donnait que trois copies à la fois. L'enfant remarqua que le prix de ces tracts était modeste : on peut en avoir un cent pour 2 francs ! Il résolut d'en faire provision. La lettre est restée dans ses papiers : le Bon Dieu ne lui donna pas le temps de l'envoyer ; mais Il avait vu l'intention et, là-haut, sans aucun doute, Il l'a récompensée.

Le zèle est ingénieux ; Jean trouvait encore bien d'autres moyens de l'exercer. Il prêtait ses livres de piété. On a retrouvé dans presque tous de petits billets où il soulignait à ses condisciples les chapitres à lire, les passages les plus édifiants, les idées les plus suggestives.

Il pratiquait comme à Orgeville, et peut-être avec une conscience plus nette du but à atteindre, l'apostolat de la parole et des actes. Il savait que le meilleur moyen pour un petit séminariste de faire estimer le sacerdoce de ceux qui ne s'y destinent pas, c'est d'être un modèle de travail, de piété et d'obéissance, — et, que pour lui gagner les cœurs, il faut être aimable et bon : « Ce sont les doux qui posséderont la terre », dit l'Évangile. Aussi s'efforçait-il de consoler ceux qu'il voyait dans la peine ; à l'occasion, il sollicitait délicatement le pardon d'un camarade puni ou demandait pour lui l'indulgence.

Parmi ses condisciples, il avait des amis. C'étaient pour la plupart de petits séminaristes comme lui, quelques camarades laïques aussi. Les premiers, comme il désirait les voir aimer chaque jour davantage le divin Maître ; et, les autres, comme il eût voulu qu'ils devinssent des apôtres ! Il comprenait que dans nos sociétés modernes les prêtres ont besoin d'auxiliaires et il se rendait compte de la fécondité d'un collège chrétien quand il est fervent, parce que futurs prêtres et futurs laïques peuvent y apprendre à s'estimer les uns les autres et nouer des liens d'amitié qui leur permettront plus tard de travailler de concert à la même œuvre d'apostolat. Avec ses amis il s'entretenait volontiers de toutes ces idées, et c'étaient parfois, pendant les récréations où la pluie rendait le jeu impossible, de longs échanges de vues ou même d'amicales discussions sur les meilleurs moyens d'atteindre les âmes et de les ramener au Bon Dieu quand elles s'en éloignent.

Toutes ces questions passionnaient Jean. Il cherchait à s'en instruire et il avait amassé toute une collection de petites brochures et de feuilles de propagande qu'il étudiait dès qu'il avait quelques loisirs et qu'au besoin il copiait lorsque d'aventure il ne pouvait en avoir pour lui-même un exemplaire imprimé. Sa collection contenait déjà plus de cinquante tracts méthodiquement rangés.

A l'aide de ces documents et des cours d'enseignement religieux, auxquels il apportait une particulière application, le « petit prédicateur » de Beaumont-le-Roger continuait sa formation en vue d'instruire et d'éclairer les âmes. Il montrait déjà de la vigueur dans ses raisonnements ; sa dialectique était pressante. Vers la fin de décembre 1924, son professeur avait donné comme devoir cette question : « Comment pourriez-vous prouver l'existence de Dieu à un camarade qui n'a jamais fréquenté les catéchismes? » Voici en abrégé la réponse de Jean Houi :

Dieu existe ; j'en suis sûr !

« Voyons, Jacques, réfléchis ; je te dis que Dieu existe ; j'en suis sûr !

Celui à qui s'adresse cette « interpellation » est un enfant de douze ans, un bel enfant aux yeux bleus. Il a tout, cet enfant ; seul un trésor lui manque : la foi ! Ame ignorante quoique savante : ignorante de Dieu, savante des choses humaines ! Il est né d'une famille aisée et malheureusement païenne.

Je répétai mon affirmation, et, comme nous revenions d'une promenade, tout en marchant, l'enfant réfléchissait, puis : « Papa et maman me l'ont dit ; il n'y a pas de Dieu ! »

Et moi aussi je réfléchissais : « O familles égarées, que Dieu vous ramène au bercail ! » Et j'ajoutai : « Tiens, mon Jacques, vois l'astre d'or dardant ses rayons sur la forêt ;

il n'a pas toujours existé. Qui l'a fait? — Oui, je sais, il a bien fallu quelqu'un. — Mais oui, il a fallu quelqu'un ; et cet être qui l'a fait, l'a fait de rien ; il faut donc qu'Il soit infini ; donc c'est Dieu. Qui maintient si bien en équilibre les astres dans les cieux sinon l'être infini qui est Dieu? Comprends-tu? — Oui, mais papa et maman me l'ont dit : il n'y en a pas ! »

Et je réfléchissais de nouveau : « *O mon Dieu, aidez-moi ; je n'ai que onze ans ; je ne suis pas encore philosophe ; mais Vous, mon Dieu, éclairez-moi... et lui aussi éclairez-le, afin qu'il me comprenne !* » *J'ajoutai :* « *Ils se sont trompés ; tu es intelligent ; regarde ta montre ; qui l'a composée? qui en a disposé les rouages? S'est-elle faite toute seule? — Non, assurément, me répondit-il en riant ; c'est l'horloger. — Eh bien oui ; mais c'est de même pour le monde, les astres, les hommes, les animaux. Tiens, une poule ; d'où vient-elle? — D'un œuf, dit-il. — Oui, d'un œuf et cet œuf d'une poule, et ainsi de suite ; mais la première poule?*

« *Regarde aussi au dedans de toi. Il y a une voix qui te félicite quand tu fais bien et te donne du remords quand tu fais mal. D'où vient-elle?* » *Et lui de répondre dans son aveuglement* « *Je ne sais pas ! — Mais, de Dieu, de Dieu que j'aime et que tout homme doit connaître et aimer : car, il y a un Dieu.* » *Alors il me dit :* « *Parce que c'est toi, Jean, je le crois, puisque tu me le dis et je vais le dire à mes parents.* » *Et, gentiment, de sa voix argentine et douce :* « *Dis, voudrais-tu m'apprendre à Le connaître, le Bon Dieu?* »

Cette page accuse les sentiments du petit séminariste : sa foi profonde et ardente qui lui suggère coup sur coup les raisons les plus prenantes, mais aussi lui donne l'intuition que tous les arguments seraient impuissants sans la grâce et lui inspire de recourir à la prière ; — sa douceur et sa bonté aussi : il ne s'indigne pas contre le condisciple incrédule ; il le plaint et il l'aime, à l'exemple du divin Maître les pécheurs ; et c'est, en fin de compte, son affection qui gagne le cœur de son ami et décide celui-ci à lui faire la dernière requête : « Dis, voudrais-tu m'apprendre à le connaître, le Bon Dieu? » Quel apôtre ne fût pas devenu cet enfant, si la Providence avait réalisé son vœu en lui donnant de vivre jusqu'aux jours du sacerdoce !

Ces jours, le Bon Dieu lui donnait du moins de les vivre d'avance par l'imagination. Il avait rêvé d'un presbytère ; le presbytère serait simple ; mais il serait « à l'ombre de l'église ». Ses portes s'ouvriraient largement : « il serait accueillant ». Il avait aussi rêvé d'une église ; et, l'église, au contraire du presbytère, serait belle ; il l'ornerait de fleurs aux jours de fête ; il la peuplerait de saints, de saints de France et de saints du diocèse : « on aime mieux les saints de son pays ». Dans cette église il ferait de « beaux offices » avec des chants harmonieux. Et quels bons moments il passerait au pied du tabernacle pour demander à Jésus la conversion des pécheurs ! L'office divin, avec quelle ferveur il le réciterait au nom de l'Église ! Un mardi, au sortir d'une classe, après une composition, il aperçut sur le bureau le bréviaire de son professeur : « Monsieur l'Abbé, permettez-moi, s'il vous plait, de regarder votre bréviaire ! » Il feuilleta le volume avec tant de respect et de contentement que toute sa physionomie exprimait l'ardent désir d'avoir lui aussi un jour en mains le livre de la prière officielle : « Monsieur l'Abbé, j'espère le dire à mon tour le bréviaire ! » Il avait rêvé encore de fréquentes visites dans sa paroisse, de longues causeries avec ses paroissiens où il profiterait de tout pour « tourner leurs âmes du côté du Bon Dieu ». Rêves d'enfant sans doute, mais auxquels pourtant les Anges devaient sourire !

Est-il besoin de faire remarquer que cet amour du sacerdoce, ce désir ardent d'être prêtre, né du premier contact avec l'Eucharistie, trouvait son aliment dans l'Eucharistie? L'Eucharistie était la dévotion fondamentale de ce petit séminariste. « C'était une âme eucharistique », écrivait en résumant ses qualités, M. le Supérieur de l'Institut Notre-Dame dans la notice qu'il envoyait à la *Semaine Religieuse* de Coutances au lendemain de sa mort. — C'était une âme eucharistique ; et, c'est en effet, nous semble-t-il, l'explication de l'extraordinaire énergie qu'il apportait à la correction de ses défauts et à la pratique de l'amour de Dieu tout au long de ses journées ; — l'explication de la foi si vive qu'il déploie dans son argumentation près de son camarade incrédule et qu'on remarquait en fait dans tous ses jugements comme dans toute sa conduite ; — et, parce que tout cela était orienté vers le sacerdoce, l'explication aussi de l'estime si haute qu'il avait de sa vocation et du zèle qu'il mettait à la conserver et à la développer. Il faut même ajouter que c'est la seule explication possible. Un enfant de son âge, quelle que soit la famille qui l'ait élevé, le milieu où il vit, n'a pas naturellement ce souci constant de ne pas offenser Dieu volontairement, ce désir de perfection, ces préoccupations pour le salut des âmes et la culture des vocations ecclésiastiques. Il faut à ces vertus surnaturelles un aliment surnaturel ; le premier des aliments surnaturels, n'est-ce pas l'Eucharistie?

Jean aimait le Jésus de l'Hostie. A partir du jour où, tout enfant, il eut compris que l'Hostie du tabernacle est un pain vivant où se cache Notre-Seigneur, son amour de Dieu se cristallisa autour de l'Hostie. De là sa joie de communier, sa fidélité à faire chaque jour sa visite au Saint Sacrement pendant les vacances, sa tenue dans l'église, qu'ont remarquée tous ceux qui l'ont connu.

De là aussi son désir grandissant d'être prêtre. C'est que la vie du prêtre s'écoule tout entière autour de l'Eucharistie : il est le ministre, le gardien, le dispensateur et l'apôtre du Sacrement de l'autel ; il offre le Saint Sacrifice, conserve les Saintes Espèces, distribue la Communion, convie les fidèles au Banquet Sacré et les y prépare. N'est-il pas tout naturel que la vocation au sacerdoce suppose ou produise la dévotion à l'Eucharistie et que la dévotion à l'Eucharistie avive l'amour du sacerdoce? Un séminariste qui aime à communier, qui prépare avec ferveur ses communions, est un séminariste dont la vocation est assurée.

« Je communierai tous les jours, avait écrit Jean dans son règlement particulier ; ce sera pour moi un bonheur ineffable, une force, une raison de plus pour être sage et pieux. » Et il ajoute aussitôt : « Je m'y préparerai bien et surtout saintement, car la communion n'est efficace que dans la mesure où elle est sacrifiante. » Sans doute, le Sacrement agit de lui-même, *ex opere operato*, comme disent les Théologiens, en vertu de sa grâce propre, pourvu seulement que soient réalisées les conditions requises à sa réception. Mais il agit de plus en raison de la ferveur avec laquelle on le reçoit et Jean s'y préparait avec une piété angélique. Comme saint Louis de Gonzague qui partageait en deux moitiés l'intervalle entre ses communions, la première étant destinée plus spécialement à l'action de grâces pour la communion reçue et la seconde à la préparation de la communion suivante, Jean partageait ses journées en deux. Les bonnes œuvres et les prières de la matinée devaient témoigner à Jésus sa reconnaissance pour la visite du matin ; celles de l'après-midi étaient destinées à orner son cœur pour la visite du lendemain. Avant de s'endormir, il demandait à la Sainte Vierge de mettre en lui les vertus préférées de son Divin Fils. Dès son réveil sa première pensée s'élevait vers Jésus qui allait venir : « J'emploierai les dernières minutes (du temps accordé pour le lever) à m'animer profondément de l'amour de mon Dieu et de mon Bien-Aimé, à penser déjà à ma communion. » Quel bonheur alors de descendre à la chapelle, avant toute préoccupation d'étude, pour la Messe et pour la Communion !

Pendant la Messe, il se servait volontiers des manuels de piété qu'il avait entre les mains, — et, ils étaient nombreux, — mais sans s'y asservir entièrement. Leur lecture était un moyen de fixer son attention et aussi une matière à méditer. Mais il s'en détachait volontiers pour parler lui-même à Jésus et Lui exprimer dans son style propre et avec tout son cœur ses sentiments personnels. Cette méthode est autrement propice à la ferveur que des lectures plus ou moins passives et distraites.

L'enfant a dépeint lui-même dans une lettre à son ancien directeur d'Orgeville l'un de ses colloques intimes avec Jésus : « L'an dernier, écrit-il, en jouant «l'Appel de Noël », je vous disais : Je suis heureux comme si j'avais Jésus en moi. — Alors c'était le rêve. Aujourd'hui, c'est la réalité. Oui, je suis heureux ; ce matin j'ai reçu Jésus dans le Sacrement de son amour... Au moment de l'action de grâces, comme je Le priais, Il m'a parlé et Il m'a dit : « Mon enfant, demande-moi tout ce que tu désires. » Et alors, je Lui ai demandé de l'aimer toujours et de rester fidèle à ma vocation. Et Il m'a répondu : « Sois pieux, fais des efforts et tu me resteras fidèle. » Puis, Il m'a dit : « Demande-moi encore » ; et je L'ai prié pour mes parents et pour mes frères. Il m'a répondu : « Aime-les bien ; prie pour eux. Je les bénis. »

Et une troisième fois il m'a dit de Lui demander encore ; et je lui ai demandé de rester toujours attaché au directeur qui avait dirigé mes premiers pas vers le sacerdoce ; et Il m'a répondu : « Va en paix et prie pour lui. »

En communiquant cette lettre, la dernière qu'il ait reçue de Jean avant sa mort, M. l'Abbé Le Feunteun ajoutait : « Comme elles devaient être ferventes, sources de grâces pour luï et pour les autres, ces communions où son âme s'entretenait si familièrement avec son Bien-Aimé ! C'est dans la communion surtout qu'il se plaisait à confier à Notre-Seigneur ses désirs. »

Il avait en effet dans toutes ses communions une intention spéciale bien déterminée : souvent c'était l'extension du règne de Dieu et l'expansion de l'Église catholique à travers le monde, ou encore le retour de la France à ses traditions chrétiennes ; puis, à tour de rôle, il pensait à ses parents, à ses professeurs, à tel de ses condisciples qu'il eût voulu voir se diriger vers le sacerdoce, à tel autre dont il soupçonnait la vocation d'être chancelante ; il aimait à les nommer en particulier à Jésus quand il l'avait reçu. Ces intentions étaient arrêtées d'avance et écrites.

Quant à la communion elle-même, il la recevait dans une attitude de recueillement et de modestie vraiment angélique. Toute sa physionomie traduisait son désir et son bonheur intimes. On le sentait pénétré du sentiment de la Présence réelle. « En prenant l'Hostie pour la lui donner, disait parfois M. le Supérieur, j'ai comme l'impression qu'Elle va s'envoler d'elle-même pour se poser sur ses lèvres ! » Ceux qui le voyaient à ce moment-là avaient la certitude qu'au contact divin son âme s'épanouissait et que cet enfant était une fleur de l'Eucharistie.

IV

LE CIEL

CHAPITRE X

Avec les Anges.

La petite fleur ne devait pas s'ouvrir entièrement ici-bas. Elle allait être cueillie dès son matin. Jamais les maux de tête que Jean avait éprouvés vers l'âge de neuf ans ne s'étaient entièrement guéris. Ils avaient même redoublé à certaines époques au cours de la Sixième. Mais l'enfant préoccupé avant tout de réussir dans ses études en avait pris son parti et s'était efforcé de n'en tenir aucun compte. Nous avons dit que lorsqu'on lui conseillait d'aller trouver M. le Supérieur et de solliciter quelque adoucissement à la règle commune, il répondait simplement : « Ce n'est pas la peine ; je serais toujours chez lui ! »

Six semaines s'étaient à peine écoulées depuis l'entrée à l'Institut Notre-Dame que les douleurs devenaient violentes. Il lui fallut bien s'en ouvrir à ses professeurs et à son directeur. Ceux-ci recommandèrent la modération dans le travail et, au besoin, le repos complet, si la douleur devenait plus vive. A tout prendre, mieux vaudrait consacrer une année de plus aux études que de compromettre à jamais une santé déjà précaire. Jean obéissait. Sur ses copies inachevées, il notait au jour le jour sa fatigue et son impuissance.

Rien néanmoins ne laissait prévoir la catastrophe qui allait se produire. Le mardi 3 mars, l'enfant, à son réveil, se plaignit de maux d'oreille très prononcés. Il fut admis à l'infirmerie ; le médecin appelé diagnostiqua une otite de l'oreille moyenne. Cette inflammation très douloureuse fut supportée avec un grand courage et une sainte résignation. A son confesseur qui lui demandait s'il avait pensé à offrir son mal à Notre-Seigneur, l'enfant répondit simplement : « Oh ! Monsieur l'Abbé ! » mais toute sa physionomie exprimait le plus profond étonnement qu'une pareille question pût même être posée. Ce lui était chose si accoutumée d'offrir à Dieu ses peines et ses joies, que l'acceptation du sacrifice lui semblait toute naturelle : une croix à unir à la croix de Jésus, n'était-ce point une ressemblance de plus avec le Divin Maître?

Cependant, deux jours après, l'otite suppurait et les douleurs devenaient moins vives. Il fut convenu que Jean irait dans sa famille prendre quelque repos. Avant de partir le samedi matin, il voulut entendre la messe et faire la sainte communion ; il en était privé depuis le lundi. Ce devait être sa dernière rencontre avec l'Hostie sur la terre.

Le samedi se passa fort gaiement en famille. L'otite semblait terminée. Pourtant le médecin consulté à nouveau avait recommandé d'éviter le froid avec grand soin, les complications encéphaliques étant toujours redoutables avec cette maladie. Jean n'assista donc pas aux offices du dimanche. Il pria seul et il lut dans sa chambre. On lui avait donné comme récompense « Aux pays du Christ » par Mgr Landrieux. Le pèlerinage à Jérusalem, la description des lieux où s'est déroulé le drame de la Passion enchanta son âme : « Quel beau voyage j'ai fait aujourd'hui, dit-il à ses parents quand ils rentrèrent des Vêpres, et que je serais heureux, une fois prêtre, d'aller aux lieux bénis où vécut Notre-Seigneur ! Aurai-je jamais ce bonheur? »

Le lundi, il devait rentrer à l'Institut dès le matin. Mais, il avait mal dormi et, à peine levé, il éprouva un malaise général qui l'obligea à se remettre au lit. Les maux de tête reprenaient avec une intensité jusque-là inconnue. La fièvre montait brusquement et la nuit fut très agitée. Le médecin rappelé dès le mardi matin se montra fort inquiet ; il craignait une méningite. Le mercredi, la méningite était déclarée et sous la forme la plus brutale, la forme aiguë. A midi encore Jean répondait au chapelet que vint réciter près de lui M. l'Abbé Méquin, vicaire à Saint-Gervais. Les paroles de l'*Ave Maria* sont les dernières que ses lèvres aient prononcées. Il perdit connaissance aussitôt après et le jeudi 12 mars, dès l'aurore, il s'envolait avec les Anges.

La nouvelle de cette mort si imprévue, si rapide, jeta la consternation parmi ses maîtres et ses condisciples de l'Institut Notre-Dame. Elle parvint comme un coup de foudre au Petit-Séminaire d'Orgeville, où son souvenir était resté si vivant.

Aussitôt, de toutes parts, affluèrent vers les parents attérés, mais si chrétiennement résignés, les témoignages des plus touchantes et des plus profondes sympathies. L'éloge de l'enfant jaillissait de toutes les bouches, s'exprimait dans toutes les lettres. « Nous venons de perdre l'un de nos condisciples les plus aimés, écrivait à sa famille l'un de ses camarades de l'Institut ; il avait le visage agréable, mais combien son âme était plus belle que son corps ! » « C'est un ange qui est parti vers le Ciel, disait un autre ; comme il doit être heureux là-haut ! »

Ceux qui allaient prier près de sa dépouille, que la mort avait empreinte d'une calme majesté, ne pouvaient se défendre de l'invoquer tout en priant pour lui. Comment le Bon Dieu n'aurait-il pas accueilli tout de suite, malgré les inévitables imperfections d'ici-bas, cet enfant qui l'avait tant aimé, qui avait si ardemment désiré de Le faire aimer en devenant son prêtre?

Cette impression de ses maîtres et de ses condisciples d'Avranches, qui ne le connaissaient que depuis cinq mois, était à plus forte raison celle de ses anciens maîtres et de ses anciens condisciples d'Orgeville. Qu'on nous permette d'en reproduire ici quelques témoignages. Ils montreront l'universelle estime que portaient à cet enfant tous ceux qui l'avaient connu.

« C'est avec une véritable douleur que j'ai appris la mort de J. Houi. Au dire de tous, c'était un de ces enfants de prédilection que Dieu se plaît à placer sur la terre quelques instants pour nous donner l'exemple et qu'Il reprend bien vite pour en faire des anges dans son paradis... Quel saint intercesseur pour son séminaire, qu'il quitta avec tant de regret ! Que de légions de prêtres peuvent faire naître ses prières ! » Ces lignes sont d'un élève de Troisième absent d'Orgeville au moment où y fut annoncée la mort de Jean ; elles réflètent ses sentiments personnels et non ceux de la communauté qu'il n'a connus que dans la suite. Un autre écrivait : « Je lui demande maintenant de prier pour nous et je me console à la pensée que ce petit ange est uni aux autres anges chantant les gloires du Très Haut et qu'il pourra attirer sur moi les secours de Dieu. Désormais, il est pour le Petit-Séminaire d'Orgeville comme pour celui d'Avranches un protecteur auprès de Notre-Seigneur. »

« Je le prie pour nos enfants », disait un de ses anciens professeurs quand il eut appris sa mort. Un autre écrivait à la famille : « J'ignorais hélas ! que « l'au revoir pour l'éternité » que Jean m'adressait le 23 juillet 1924, était, sans qu'il s'en doutât, la candide annonce de son départ prochain pour le vrai pays de Jésus. Il l'aimait tant, Celui dont il rêvait de recevoir le sacerdoce sur terre, Celui dont il entendait l'incessant et mystérieux appel dans ses communions, Celui vers qui, toute émue, son âme vibrante s'élançait dans un élan de Séraphin, — il l'aimait tant que l'union, déjà réelle ici-bas dans le mystère de la foi, ne pouvait tarder à se consommer dans la vision béatifique. Jésus a pris avec Lui son prêtre de désir.

« Et, maintenant qu'il n'est plus avec nous, il va, j'en suis persuadé, remplir une mission de bénédictions et de salut pour les âmes. »

Et voici enfin l'appréciation de M. le Supérieur d'Orgeville. Dans sa lettre de condoléances à M. et à Mme Houi, il écrivait : « Tous ici, maîtres et élèves, prient pour votre cher petit Jean, avec la conviction cependant qu'ils trouveront en lui un protecteur auprès du Bon Dieu et que ce petit ange, qui chantait si bien ses louanges, nous obtiendra ce qu'il nous souhaitait dans sa dernière lettre : beaucoup de prêtres, de saints prêtres. » M. le Chanoine Loth disait encore dans une lettre à M. le Supérieur de l'Institut Notre-Dame : « Nos élèves ont prié avec les vôtres pour leur petit camarade qu'ils aimaient beaucoup. Cette petite âme d'élite avait laissé au milieu de nous une impression profonde, et les lettres que nous avions reçues les uns et les autres depuis son départ, nous avaient encore mieux fait entrevoir, combien le travail de la grâce était fructueux en ce charmant enfant...

« Je remercie le Bon Dieu d'avoir fait passer cet enfant parmi nous. Sa volonté d'être un saint prêtre, son souci de voir augmenter le nombre des futurs prêtres, ne nous assurent-ils pas en lui un intercesseur auprès du bon Dieu pour notre recrutement sacerdotal... Je suis heureux, Monsieur le Supérieur, que nos maisons soient unies par un tel lien. J'espère pouvoir quelque jour aller prier sur la tombe de ce cher enfant et pouvoir près de vous le mieux connaître encore. »

En résumant tous ces jugements, son directeur d'Orgeville ajoutait : « Je suis heureux d'avoir eu cet enfant parmi les âmes qui m'étaient confiées. Les maîtres et les élèves du Petit-Séminaire revendiquent avec fierté l'honneur d'avoir compté Jean Houi parmi les membres de leur petite famille et s'estiment heureux de l'avoir aujourd'hui comme intercesseur au Ciel. »

C'était le même concert de louanges de la part des personnes du monde qui avaient connu l'enfant : « Quelle épreuve pour vous, pauvres parents ! Mais comme votre âme doit être tournée vers le Ciel où il s'est envolé ! Dieu devait être jaloux de cette petite âme si pure et Il l'a prise dans son Ciel avant que rien ne souille son innocence. Que la certitude de son bonheur tempère votre douleur ! Etre sûr d'avoir au ciel son enfant ! Etre sûr qu'il est parti pour cette patrie céleste sans avoir touché aux fanges de la terre ! »

Ces deux idées de l'innocence de Jean et de son bonheur au ciel sont exprimées dans toutes les lettres. Une troisième idée s'y ajoute la plupart du temps : celle de la protection qu'il étendra de là-haut sur tous ceux qu'il a connus et aimés, en particulier sur les petits séminaristes et sur les vocations ecclésiastiques. Nous avons cité sur ce point les témoignages de ses condisciples et de ses maîtres du Petit-Séminaire d'Orgeville et de l'Institut Notre-Dame. Les amis de la famille ont le même sentiment : « Dieu, qui avait donné à votre petit Jean la vocation du sacerdoce, a tenu à le prendre dès maintenant à son service là-haut ; ... sa protection vous aidera dans la tâche que vous devrez poursuivre avec courage pour élever vos autres enfants. » « Ce n'est pas lui qui est à plaindre. Sa pureté et sa piété lui ont certainement valu de prendre rang tout de suite au milieu des Anges et des Saints. Soyez persuadés que ce cher petit prie pour vous. »

Il nous semble que ces lettres donnent leur vraie conclusion à l'histoire de Jean Houi et à sa mort prématurée. La Providence ne fait rien en vain. L'enfant depuis longtemps priait assidûment pour les vocations sacerdotales. Il demandait chaque jour au Bon Dieu dans sa communion des prêtres, beaucoup de prêtres, beaucoup de saints prêtres. Et, cinq mois avant de mourir, il avait écrit : « O mon Jésus, accordez-moi la grâce de vivre jusqu'à ce que j'aie pu Vous tenir au moins une fois dans mes mains ; ou bien, si là n'est pas votre volonté sainte, que je Vous possède éternellement dans le Ciel. »

Est-il téméraire de penser qu'en agréant le sacrifice ainsi accepté d'avance « de mourir si c'était sa volonté sainte », le Divin Maître ait voulu rendre plus efficace la générosité du pieux séminariste et plus fructueux l'apostolat qu'il ambitionnait? Il y a des morts fécondes, a-t-on dit. Une mort ainsi préparée par la plus tendre piété envers la Sainte Eucharistie, par la plus complète générosité dans l'amour de Dieu, ne peut pas ne pas être une mort féconde.

On se demande parfois pourquoi le Bon Dieu brise si vite des vies si pleines de promesses. On oublie que c'est par la croix que s'est opérée la Rédemption. Les vues divines ne sont pas les vues humaines. Qui saura jamais combien une telle mort peut mériter de nouveaux appels, susciter de nouvelles vocations? Qui dira jamais combien une âme si pure et si aimante peut, de là-haut, répandre de grâces sur les vocations déjà écloses pour les fortifier et les épanouir en sacerdoces féconds?

Nous savons par des témoignages incontestables que plusieurs petits séminaristes, parmi ceux qui l'ont connu, lui doivent dès maintenant d'avoir affermi leurs résolutions et d'avancer d'un pas plus décidé et plus rapide dans les voies de la perfection.

Puissent ses exemples inspirer à tous les jeunes qui ont entendu l'appel divin un profond amour de leur sainte vocation, un généreux courage dans la tâche de leur formation quotidienne et pour cela une ardente piété envers la Sainte Eucharistie! Puisse son intercession se continuer et devenir de plus en plus visible en faveur des deux Petits-Séminaires qui l'ont abrité successivement et des deux diocèses qu'il a aimés! Et, s'il plaît à Dieu, qu'elle s'étende à la France et à l'Église entière qui ont à l'heure présente besoin de tant de prêtres!

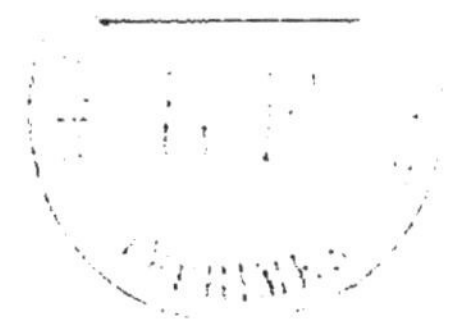

TABLE DES MATIÈRES

CHAPITRE IV

ORGEVILLE.

CHAPITRE V

ORGEVILLE.

CHAPITRE VI

DÉPART D'ORGEVILLE. L'INSTITUT NOTRE-DAME.

CHAPITRE VII

L'INSTITUT NOTRE-DAME.

CHAPITRE VIII

L'INSTITUT NOTRE-DAME.

CHAPITRE IX

L'INSTITUT NOTRE-DAME.

CHAPITRE X

AVEC LES ANGES.

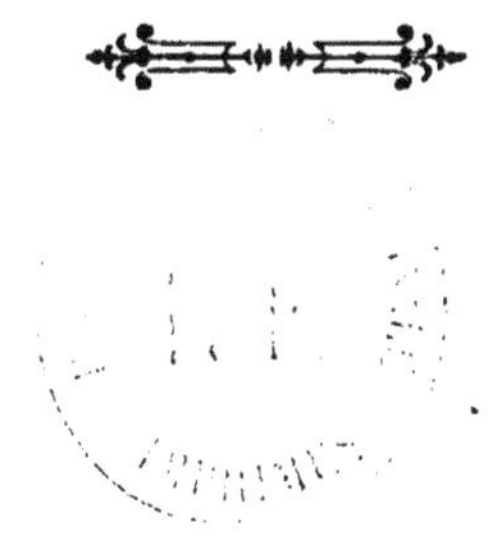

IMPRIMERIE EMMANUEL VITTE, 18, RUE DE LA QUARANTAINE, LYON. — 2634

www.ingramcontent.com/pod-product-compliance
Ingram Content Group UK Ltd.
Pitfield, Milton Keynes, MK11 3LW, UK
UKHW021100260726
13994UKWH00002B/611

9 782329 433202